こどもの本の使いかた

——いっしょに読むからおもしろい

はじめに

こどもにとって本を読んだり、読んでもらったりすることにはどんな意味があるのだろう。児童書専門店という、こどもと本の最前線で四半世紀を歩んできて、今改めて〝こどもにとっての本〟をふりかえって考える機会に恵まれた。

私はずっと、「こどもがいて、本がある」というスタンスで、こどもと本に関わってきた。こどもがそこにいる。そのこどもがこども自身を満たすことこそが大切なことで、こどもの本は、そのためのすばらしい道具のひとつだと考えている。当然、何を読むか、どう読むかはこども自身が決めることで、それはこどもの基本的な権利だとも思っている。だから、「こどもに良い本を読ませよう」というふうに考えたことはない。

〝こどもにとっての本〟を整理するにあたって、私にはこどもを一般化することなどできないので、実際にあった出来事をつないで考えるという方法をとった。とはいっても、小さいこどもから、まとまった情報を受けとるのはむずかしい。たとえ、取材を試みて何かしら聞きとることができたとしても、どこか無理があるように感じられる。そこで、お話を聞いたり、本を読んだりした時に、近くにいるおとなが受け止めた事実をつなぐことにした。その事実も、できるだけ日常生活の流れの中に浮かんできたものを拾う方が、こどもの実際により近づけるように思えたので、個々のこどもの自然な関わり方にこだわっている。

幸い、一五年以上発行し続けてきた月刊情報紙『よもよもつうしん』には、おとなが目撃した、たくさんのこどもと本とのエピソードが寄せられている。また、こども自身が自分の意思で書いてくれた本への思いもある。それらをベースに、なんでもない会話の中からこぼれて出てきたものも織りまぜて編んでみた。

園や学校のことに触れている部分もあるが、どれも意図的に取材したものではない。あくまでも、そこで偶然目にした印象的な出来事ばかりである。そのため、こどもの年齢や性別や地域、上がっている作品にはかたよりがある。

けれど、こどもが〝やってくれる〟エピソードはほんとうにおもしろいので、そんな小さなことは気にせずに楽しんでいただけたらと思う。物語のある暮らしから飛び出してくる、こどもの思いがけない発想や目のつけどころ、表現の仕方など、このおもしろさを読者のみなさんと分かち合えたら、とても嬉しい。そして〝こどもにとっての本〟をいっしょに考えてもらえたら、いっそうありがたい。

どこからでも、どんな順番でも読める構成にしてあるので、興味のあるページから、あるいは興味のあるところだけ、という読み方もできる。肩の力を抜いて、とにかく楽しんでいただけたらと思う。

目次

第二章　こども の〝楽しみ方〟を楽しむ　53

装丁・イラスト／石川元子

第一章　こどもといっしょに本を開く

おさない日は
水が　もの云う日
木が　そだてば
そだつひびきが　きこゆる日

八木重吉

『みんなでうたおう』より「幼い日」
岸田今日子／編
長崎訓子／画
岩波書店

1-1

いっしょに本を楽しめるのはいつ頃から？

お腹の赤ちゃんは、四〜五か月の初めの頃から音に反応し始める。といっても羊水の中にいるわけだから、ちょうどプールにもぐって聞くようなくぐもった音として聞こえているのだろう。そんな音ではあるけれど、赤ちゃんはお腹の中にいる時からもうお話を聞いているという説もある。

『誕生を記憶する子どもたち』には、ノースカロライナ大学の心理学者、アンソニー・デキャスパーとメラニー・スペンスの、ドクター・スースの作品を使った実験や、パリの心理学者の研究が紹介されている。

赤ちゃんに、お腹の中にいる間に聞いた物語と、はじめての物語を聞かせてみて、その反応の違いを調べたという。特別の乳首を装備して吸う速さによって物語が取り替わるようにセットしたところ、赤ちゃん一〇人のうち九人までが乳首を吸う速さを自分で調整して、よく知っている物語の方を聞こうとしたという結果が出たそうである。だとすると赤ちゃんは、お腹の中にいる時から、歌やお話を聞きわけていることになる。ただし、お腹の中の赤ちゃんがほんとうに楽しんでいるのかどうかは今のところわからない。

赤ちゃんといっしょに歌やお話を自然に楽しめるのは、やっぱり生まれてからだろう。それはおとなが思っている以上に早い時期からと考えた方がいい。

『誕生を記憶する子どもたち』
デーヴィッド・チェンバレン／著
片山陽子／訳
春秋社

『いないいないばあ』
松谷みよ子／作
瀬川康男／絵
童心社

赤ちゃん絵本の定番『いないいないばあ』。伝承のいないいないばあ遊びを絵本にしたこの作品を、二か月の赤ちゃんといっしょに開いてみたら……。

「まだわからないだろう……と思いながらも、見せ始めたのが生後二か月頃。でも不思議そうに〝見〟ています。ページをめくるたび、先に視線は絵より文字へ。おひるねの前など親子でころんとねころんで。四か月の今では、表紙のクマちゃんが目の前に出没すると、確かに目の輝きがちがう。手足がばたばた、うーうーと何か言いたそう。いつ頃本といっしょに、いないいない……と始めるのか楽しみです」（黒田真理子さん『いないいないばあ』）

赤ちゃんがなんとも小さくて頼りなげに見えるので、おとなはつい、まだなんにもわからないのではないか、と思ってしまう。ところがなんのなんの。赤ちゃんはちゃんと聞いているし、よく見ている。その証拠に、赤ちゃんは二か月でも、もう絵本の画面をしっかりと見つめているし、四か月にもなると、目を輝かせ、手足をばたばたさせ、うーうーと声をあげて、身体中でおしゃべりしている。「お母さん、おもしろいね。もっともっと」と言ってるようだ。

赤ちゃんが生まれた時から持っている能力は想像以上に高くて、働きかけにしっかり応えてくれる。赤ちゃんにはわからないと思い込まないで、まずはいっしょに本を開いてみよう。赤ちゃんといろんなお話ができる。

1-2

おとなもいっしょに楽しめる、こどもの本

こどもが読んでも、おとなが読んでもそれぞれの楽しみ方ができる。これが、こどもの本のいちばんおもしろいところである。

「こどもといっしょに読むたびに、新しい発見をして喜んでいます。おばあちゃんの家につくまでに、さまざまな冒険をしてびっくりしたり、工夫したりで、同じ林明子さんの絵の『はじめてのおつかい』に、どこか似ていると思いました。小さな丘を登る時も降りる時も、逆向きに歩くところでは、思わず笑ってしまいました。下の子は馬が出てきたり、ワンワンのおうちだったりの場面に喜び、上の子はハチがブンブン出てくるところはもっと活字を大きくしたらいいのにと、生意気に批評しています。最後の場面でチョコレートケーキが男の子の左側にあるのが気になり、最初の場面を見直すと、やっぱり受話器を左手にもっています。ウン、この子左ききかな、なんて、小さな発見に喜んだり。（略）」（寺原千賀さん『ぼくはあるいたまっすぐまっすぐ』）

お母さんと小さな男の子とお兄ちゃん。三人が頭をくっつけるように絵本を囲んでいる。動物が出てくる場面に目が行く弟、ケーキの場所が気になるお母さんと、注目するところはそれぞれ違っていて、それがまた楽しそう。

「まず親が背表紙のタイトルで、いっぺんに買う気になってしまいました。おな

『はじめてのおつかい』（一九〇頁参照）

『ぼくはあるいたまっすぐまっすぐ』
マーガレッド・ワイズ・ブラウン／作
坪井郁美／文
林明子／絵
ペンギン社

『ジャイアント・ジャム・サンド』
ジョン・ヴァーノン・ロード／文・絵
安西徹雄／訳
アリス館

『大草原の小さな家』
ローラ・インガルス・ワイルダー／作
恩地三保子／訳
福音館書店

かがへっていた時だったので、〝ジャムサンド〟の響きがおいしそう！　の気持ちからでしょう。読んでみるとテムポの早いコメディのようで、トントントーンとお話が進みます。すっかり好きになったこどもには、ラストまで行くと、「もう一回はじめからよんで！」とせかされます」（古本千晶さん『ジャイアント・ジャムサンド』）

おとながまず気に入るというのもすてきなこと。いっしょに読むこどももだって楽しくなる。

「かなりの長編なので、母と一〇歳の娘が、交替で声を出して読み合います。五歳の弟も必ずいっしょに聞いています。毎日バタバタと仕事や家事などで落ち着かない母も、ホッと嬉しい気持ちになります。インディアンが家の中に入ってきた時のこと、狼の群れに家をとりまかれたところなどにハラハラしたり、お父さんがベッドやゆりイスまでも作ってしまうのに感心したり。時には、お母さんの叱ることばやローラの胸の内の思いに、母は母なりに、娘は娘なりに、息子は息子なりに、共感したり、文句を言い合っては次の行へすすむこともあります。本を通して同じことに心を動かす、幸せな寝る前のひと時です」（青木弥生さん『大草原の小さな家』）

一つの物語を母と娘が声に出して読み合って、小さな弟はひたすら耳をすまし「同じことに心を動かす、幸せ」な時間が生まれる。

1-3

こどもは、お気に入りの本をなぞって考える

　こどもはいつも考えている。考えることが楽しくて仕方ないとでもいうように。お気に入りの本は、それを一段とおもしろくしてくれる。

「拓と音子《とこ》と父さんと私、四人で夕食後ホタルをさがしに行ったんです。家の近くの小川をゆっくり見ながら歩いていると、拓が両手を上げて「ヨイショ！　ヨイショ！」って跳んでるんです。

「かあしゃん、とどかないねえ」「？」「かあしゃん、はっぱとって、そのはっぱ」と、ゆびさすスカンポの大きいハッパをとって渡すと、またハッパをもって両手あげて「ピョンピョン」って言いながらとんでいます。

「かあしゃん、とどかないね」と、また言うので「なににとどかないの？」と聞くと「おほしにとどかないの。とーしゃん、はしごいるね」って。

「『パパ、お月さまとって！』のことだな。あれ、大きいお月さんだもんな」と父さんがいうと「うん、おきさん（拓はお月さんをおきさんと言う）の本にいーっぱいおほしのってるよ」と拓。

　確かにあの本、表紙をあけるとカラフルな星がいっぱいあるんですよね。我が子のかわいらしさとか、この子が「とんだら星がとれる」と思うくらい近くに星が見えるところにいることとか、家族でのんびり涼んでカエルの大合唱を聞きな

『パパ、お月さまとって！』エリック・カール／作　もりひさし／訳　偕成社

がらホタルをさがしていること……。なんというか、うれしくてドキドキしました。

拓は今、二歳。両足跳びが大得意でどこからでもピョーンととびおりて満足しています。その得意のジャンプで星に届かなくて、とても不思議だったんだろうと思います。そんな顔してましたもん」（鍋沢久美さん『パパ、お月さまとって！』）

まんまるい大きな月を見た拓ちゃん。あの『パパ、お月さまとって！』みたいに、お月さまと遊べるかもしれない。そこで彼は考えた。どうやったら取れるか。長い長いはしごはない。そうだ！　得意のジャンプをしたらどうだろう。だめだ。大きなはっぱを持ってみる。あー、残念。「とどかない。やっぱりはしごいるねー」というわけだったのだ。もちろんこどもは本がなくても考えているのだけれど、読んでもらった本がそこに加わることで、考えることに広がりが出てくる。拓ちゃんの動きをたどってみると、それがよくわかる。おとなに比べると現実と物語の区別がまだまだ判然としていない分、思考の道筋に物語という〝現実〟が入りやすいと言えるかもしれない。

こどもといっしょに読んだ本が手がかりになって、こどもの考えている過程が浮かび上がる。ことばでは語られない部分まで見えてくる。そうか、この子はこんなふうに考えていたのか。もっとこどもがわかるかもしれない。

『スーホの白い馬』
大塚勇三／再話
赤羽末吉／画
福音館書店

1-4 こどもが内側にそっと抱いているものが見えてくる

いっしょに本を開いた時の、こどものさまざまなリアクションは、まるでこどもが心の内を開いて見せてくれるようだ。

「現在五歳の息子のお気に入りは『スーホの白い馬』です。息子はどういうところが気に入っているのかわかりませんが、『はじめてのかり』とあわせて、よく読んでとせがみます。草原で馬といっしょに暮らす遊牧民の生活になにかひかれるものがあるのかしらと、想像したりしています。「もんごる」という言葉をテレビから聞き取って、「えっ、もんごる!?」と興味深そうにしたり、幼稚園の廃品を利用した工作が大すきな息子は、「ばとうきん、つくる！」と言ったりしています」（柳沢裕子さん『スーホの白い馬』）

何に強く惹かれているのかはわからないが、五歳の彼の中には、モンゴルの草原と白い馬の物語が、いつも流れているようだ。だから、テレビから聞こえるモンゴルという言葉にびくっと反応したり、工作の題材に馬頭琴を取り上げようとしたりする。白い馬に乗って広々とした草原を走り、馬頭琴の美しい音色に耳を傾ける生活を思い描く男の子。彼のそんなロマンティックな部分がほの見えてほほえましい。

『バムとケロ』シリーズの大好きな四歳の風太くんは、このところ毎日、四冊全

『はじめてのかり』
吉田遠志／文・絵
リブリオ出版

『バムとケロのにちようび』
島田ゆか／作・絵
文渓堂

部読んでもらわないことには気がすまない。ソラで覚えてしまっているのに、どうしても誰かに読んでもらわないといけない。ところが、『バムとケロのにちようび』の屋根裏のシーンになると、ここだけは自分で読むと主張する。おじいさんの古い本を取りに行ったら、表紙に蛾がいっぱい止まっているページを「すると　ほんの　ひょうしから　たくさんの　チョウチョが　ぱたぱた　まいあがった」と読み替えて、それが終わると「はい」と、お父さんにバトンタッチする。お父さんが、「ねえ、なんでチョウチョなん？　暗いところにいるのは、蛾だよ。それにね、チョウチョはこんなふうに羽を開いて止まらないんだよ」というと、一瞬詰まって「だって、チョウチョの方がきれいやもん」とそれなりの理由をつける。

　彼は実は蛾が怖い。それはわかっているけれど、あんまりはっきりと怖がりな性質が表に出てくるので笑えてしまう。どうやら、蛾を怖がるのは情けないことだと思っているらしい。でも、怖い。たった四歳なのに、蛾をチョウチョと読み替えて、さらにそれに妙な理屈をつけて正当化しようと試みているのがおかしい。

　こんななんでもないことで、いつもはこどもが内側にそっと抱えているものがくっきりと見えてくる。いっしょに本を読む時間が運んでくる、目には見えない贈り物である。

『ノンタン！　サンタクロースだよ』
キヨノサチコ／作
偕成社

1-5

こどもの本は、声に出して読んではじめて物語になる

こどもの本、特に小さいこどもにとっての本は、誰かが声に出して読んではじめて物語になる。絵本なら自分でページを開き、〝絵〟を見たり、読んだりすることはできるけれど、ストーリーは誰かが声に出して読まないことには、こどもに届かない。このあたりまえのことが、こどもには大きな意味を持つ。同じように物語を楽しむにしても、ビデオを観るのとは違って、そこに人がいるからだ。人が読み、ページをめくりして進んでいくから、こどもは、いつでも自分のペースで、興味のあれこれに応えてもらいながら楽しむことができる。

二歳のななちゃんは、重い病気で入院している。ほとんどベッドから離れることのできない毎日。まわりのおとなたちは、こぞってななちゃんの好きなものを持ってくる。ベッドのまわりにはアンパンマンがあふれている。アンパンマンのアニメは特にお気に入りで、テレビの時間にはテレビを、そうでない時にはビデオをつけてもらって、その画面に見入っている。

その彼女が、お母さんと『ノンタン！　サンタクロースだよ』を読んでいる。プレイルームから借りてきたらしい。

お母さんが「ねえ、サンタさん、ぼくに、あかいじどうしゃちょうだい……」と読むと、ななちゃんはぐんと身体を乗り出し、「あっ、うさぎさん、ネンネ」と、そのページの絵を指さす。うさぎが寝ているのを見つけたよと言いたいらしい。
「そうやね、ネンネしたはるね。ネンネしてたら、サンタさんきはるね」とお母さん。ななちゃんは満足そうにコックリして次のページへ。お母さんがページをめくるのが待ち遠しいといったふうに手を伸ばす。そしてまたうさぎが出てくると、「うさぎさん！」と声を出した。

その様子を目にした主治医は、ななちゃんの目の輝きがアンパンマンのビデオを見ている時とは違うことに気がついた。ビデオを見ている時のどこか放心したような、遠い目ではない。ページを追いかける目には精気があって、生き生きと動いている。お母さんの声といっしょに届くノンタンの物語の中にななちゃんは、読者として能動的に参加しているのだ。

『子どもの脳が危ない』で、福島章さんは次のように警告している。「昔は母親の乳児に対する語りかけのような人間的・言語的・二人称的な情報が主であった。今は赤ちゃんが産院から家に戻ってきた瞬間から、テレビからの映像や音響などの機械的・イメージ的な情報を一方的に受容するようになるという《情報の質》の変容が注目される。（略）入力する情報量は、出生後ただちに、人の感受性の限界に達するほどである」

『子どもの脳が危ない』
福島章／著
ＰＨＰ研究所

こどもにお話をし、本を読み届ける、人間的で言語的で、二人称的な働きかけは、こどもの目に精気を呼び戻す。

1-6

読んでもらうということは、側に〝人〟がいることの証

病気のこどもたちは、健康なこどもとの日常では見落としてしまいそうな、一見ささいに見えるけれども、とても大切なことを思い起こさせてくれる。

主治医といっしょに『ウォーリーをさがせ』をめくることで、母親のいない不安をしのいだ八歳のちひろちゃんのことは、二章に紹介する。（七二頁参照）

五歳の翔ちゃんにも同じようなエピソードがある。彼の場合は、病室で大泣きしていたので詰め所に連れてこられた。あいにくその日はとても忙しくて、看護婦さんもつきっきりではいられそうにない。そこで、「翔ちゃん、アンパンマンのビデオをかけてあげようか」と言うと、ますます大きな声で泣き出した。

彼にはわかっているのだ。ビデオがつけられるということは、自分がひとりにされるということが。お母さんがいなくてさびしいから、せめて眠りにつくまでだれか側にいてもらいたくて泣いていたのに、それがかなわないばかりか、ベッドからも離されてこんなところでひとりビデオを見なくてはいけないなんて。翔ちゃんは激しく泣いて、さびしいのはいやだと主張する。

困った看護婦さんは、手早くいくつかの仕事を片付けて、絵本を持ってきた。「さあ、そしたらいっしょに本読もうか？」と言ったとたん、大泣きがウソのように収まった。

彼はまた知っている。絵本を読んでくれるということは、自分の側に人がいるということだと。そこにいて、自分の方を向いていてくれるのだということがよくわかっているのである。

ビデオやテレビはどんな作り方になっていようと、ビデオの時間でどんどん進む。誰が見ているか、それとも見ていないか、そんなことには頓着しない。だから、語りかけているように見えても、実は誰にも語りかけてはいない。ただ一方的にしゃべっているだけだ。こどもがイメージしなくても、物語の登場人物たちの姿形、服装、背景を描き出してくれるし、声も音も出してくれる。動きを目で追っているだけでもおもしろい。安心感につつまれている時ならそれは刺激的で魅力的だ。

だがしかし、不安をいっぱい抱えたこどもには、ビデオは無機質な機械でしかない。モニターの中でいくらほほえみかけ、やさしく語りかけている人でも、その子の泣き声に応えて「どうしたの?」と聞いてくれ、そっと抱きしめてくれることはない。

誰かが自分の側にいる。これこそ、こどもの本のいちばん大きな存在意義であって、本を読んでもらうことの本質でもある。こどもはそのことを本能的に知っている。

1-7

心も「ぎゅーっと抱きしめて!」

『あかちゃんとお母さんのあそびうたえほん』
小林衛己子/編
大島妙子/絵
のら書店

『さわってあそぼうふわふわあひる』
マシュ・ヴァン・フリート/作
あかね書房

祐介くんはもうすぐ三歳。おねむの時にはいつも、「ぎゅーっとしてくだタイ!」とおねだりする。お母さんにぎゅーっと抱きしめてもらったら、それはそれはあったかくていい気持ち。そのまま安心して眠ってしまえる。

お父さんやお母さん、おじいちゃんやおばあちゃんに本を読んでもらうこと。それは、心をぎゅーっと抱きしめてもらうこと。こどもはそれを待っている。

『あかちゃんとお母さんのあそびうたえほん』は、赤ちゃんと遊ぶための絵本。おんぶしたり、だっこしたり、ひざの上にのせたり、身体を触れ合って楽しむテキストのようなものだが、歌がついているのがとってもいい。ほっぺをつんつんされたり、からだをゆらゆらしてもらったり、赤ちゃんはくすぐったいのか声を上げて大喜びする。遊びにことばがのっかっているから、知らず知らずのうちにことばのおもしろさを味わうことにもなる。

五感のひとつ、触ることで感じる楽しさを絵本にするという試み『さわってあそぼうふわふわあひる』。ふわふわしたものが大好きな二歳半の圭太くんは、最近この色と形と手触りを楽しむ絵本がお気に入りである。といっても、ふわふわばかりではなくて、ざらざら、べたべた、がさがさといろんな感触が楽しめるようになっている。お母さんといっしょにひと通り触ってみるのだが、やっぱり圭太

『あたたかいおくりもの』
垂石眞子／作
福音館書店

くんの手はふわふわ、ふかふか、もこもこのところに戻ってしまう。なんとしてもやわらかいものの持つ安心感が勝つようだ。

『あたたかいおくりもの』の好きな美紀ちゃんも二歳半。「ことしのふゆはさむくなりそうです。クリスマスプレゼントにセーターをあんでくれませんか」りすのところにもうさぎのところにもくまのところにも、こんなはっぱのお手紙が届く。森の動物たちは、せっせとセーターを編む。さて、このあったかいセーターをもらうのは？　というお話なのだが、美紀ちゃんはそれがどうにもうらやましかったみたい。この絵本を読んでもらったあと「わたしにもセーター編んで」と、ちょっぴりお母さんを困らせたとか。たとえ実際にセーターを編んであげられなかったとしても、「あったかそうだね。美紀ちゃんも、おばあちゃんにもらったの着てみようか」なんてセーターを着せてもらったら、それだけで満足したかもしれない。

こどもは怖いお話も好きなのだが、こんなふわふわしたお話や遊びも大好き。穏やかなお話が、大好きな人の口から語られる時間は、こどもを安心感で包み込む。安心しきったこどものぬくもりを感じておとなはこどもと過ごす喜びを味わう。そんな積み重ねが、こどもの根っこをしっかりと太いものにしていくのではないかと思う。

1-8

「読んでもらうこと」と「自分で読むこと」はちがう

『昔話の魔力』
ブルーノ・ベッテルハイム／著
波多野完治、乾侑美子／共訳
評論社

ベッテルハイムの『昔話の魔力』に「読んでもらうことと、自分で読むこととはちがう」とあって、思わずそうそう、そのとおりと納得したのは、もう二〇年も前のことである。相当な分量のこの本を読み通すのは、なかなかにやっかいで、十分理解できたとは思っていないが、この部分だけはストンと落ちた。それは、五歳の男の子のエピソードを例にして書かれていた。

お母さんに『巨人殺しのジャック』のお話をしてもらった男の子は、お話が終わった時母親にこう聞いたそうだ。「巨人なんてものは、ほんとうはいないんでしょ？」そして、母親の返事を待たずにこう続けた。「でも大人ってものがいるよね。大人って巨人みたいだ」

おとなは恐ろしい巨人のように見えるけれど、小さなこどもでも知恵を働かせてうまく立ちまわれば、負かすことができる。昔話のそんなはげましのメッセージを、この子はちゃんと理解したというのである。

おとなは、こどもにとって自分が巨人のように映ること、こどもがその巨人をいずれは打ち負かすことができるようになることを認めたくない。だから無意識に昔話を話したがらないのだといった内容の記述がある。しかし、昔話を話そうと話すまいと、こどもの目にはおとなは自分勝手な巨人に見えている。

『ジャックと豆のつる』
イギリスの昔話
ジェイコブス／作
木下順二／訳
瀬川康男／絵
岩波書店

「ここで、最も重要なのは、もし親自身が子どもたちにこのような話をしてやれば、子どもたちが〈巨人〉を負かすという考えを楽しむのを、親も認めることになるのだから、安心させる力はいちばん大きくなる、ということである。ここで注意すべきは、こどもが本で読むのと、話してもらうのとは違うということである」と続く。「一人で読む場合には、子どもは、だれか自分の知らない人――その物語を書いた人か本を作った人――が、巨人をだしぬいて切り殺すのを認めているだけだと思うかもしれない。しかし、親が話してくれれば、子どもは、大人が支配している世界の脅威に対して、空想の中でしかえしをするのを、親がゆるしてくれるのだと、はっきり感じることができる」。長年にわたって情緒障害児の治療にあたってきたベッテルハイム博士は、いろいろなことを試しているうちに昔話が有効だということに気づく。そして、おとながこどもといっしょに本を読むことの意味に行きあたった。

確かに、現実におとながこどもにお話をしたり、本を読んだりする場合、自分の世界観とは相容れないものをわざわざ読むことはしないだろう。こどもが楽しいと言っているものを否定することさえあるのだから。こどもは、話してもらった物語、読んでもらったストーリーに込められたメッセージを、おとなが考えている以上に読み手の思いを含めたものとして、深いところで本質的に受け止めているように思える。

1-9

こどもは、まず音によって物語と出会う

『うたえほん』Ⅰ・Ⅱ
つちだよしはる／え
グランまま社

こどもと物語の世界との出会いは、音から始まる。つい一〇〇年ほど前まではおとなだって〝聞く〟ことで物語を楽しんでいたのだ。

有名な話だが、かつてアイルランドを征服したイギリスは、アイルランドの人たちに吟遊詩人を泊めることを禁じた。吟遊詩人の歌によって民族の歴史が語られ、人々が民族の誇りに目覚めることを恐れたのである。歌になって届けられると、誰にでもやさしく物語のメッセージが伝わるからだ。

吟遊詩人とまではいかないまでも、こどもと歌うことは、物語を語るのと同じである。だから、こどもの読書のはじまりは歌とお話だと私は考えている。

「私が一歳の娘に歌ってあげたくても、うろ覚えで歌えなかった歌がたくさんのっているので思わず買ってしまいました。今は娘の方から「歌ってちょうだい」といわんばかりに差し出され、毎晩何曲も歌わされています。それぞれの歌にかわいい絵がついているので、絵と曲をおぼえてしまい「次はこれ！」と指定し、歌を聞きながら絵も楽しんでいる娘です」（小杉由紀子さん『うたえほん』Ⅰ・Ⅱ）

自分ではまだ歌えないから、お母さんに絵本をさし出す小さな手、見つめる瞳。赤ちゃんがことばを獲得するために仕組んでいる巧みな戦略。それに乗せられて

『めっきらもっきらどおんどん』
長谷川摂子／作
ふりやなな／画
福音館書店

いるに違いないけれど、お母さんは歌わずにはいられない。聞きなれたお母さんの声で響くことばの連なりは、赤ちゃんの脳を心地よく刺激する。

「本が大好きなパパは、絵本に対する目も厳しく「道徳くさいのはダメ」などなど、いろいろ文句をつけるけど、この本は大のお気に入りです。もちろん娘は文章を暗記しているほど。〝ちんぷく、まんぷく〟で始まる歌はパパの作曲でよく口ずさんでいます。最近は〝しっかかもっかかごっこ〟（本文ではモモンガーゴッコ）が家ではやってる遊びで、ふろしきを首にまいて三人で走り回っています。また娘は、いろいろオモチャを並べて、「わしはおたからまんちんでござる、どれでも好きなものをとりかえしてしんぜる」といって一人遊びを楽しんでいます」
（深谷さん『めっきらもっきらどおんどん』）

絵本を開くと、そこには古い神社の祠《ほこら》、しめ縄の張られた大木。何かがいそうな森の中で妖怪たちとこどもとの交歓が始まる。妖怪たちと男の子が枝から枝へ飛び移り、なわとびをするダイナミックで不思議なお話。そこにはなつかしい遊びと日本語のリズムも楽しい歌がある。

歌があって遊びがある物語。こどもはすぐに、現実の遊びの中に取り込んでしまう。園でも家庭でも、それぞれにアレンジされて遊ばれている。こうして物語の世界はこどもの中に根をおろす。

『バムとケロのさむいあさ』
島田ゆか／作・絵
文渓堂

1-10

こどもと読む時は、同じ方向から読む方が心地いい

こどもと絵本を読む時、私はいつも同じ方向から読む。その方が〝いっしょに読んでる〟ことをより強く感じられて心地いい。おとなにこどもの本の話をする時だけは仕方がないので、聞いている人と向き合って立って、本を開いて見せることもある。けれども、なんとなく違和感があって心地よくはない。

ひざの上に本を開く。こどもがひざの上に乗っている時は、そこに本を載せる。こどもと隣同士に座って、二人の前に本を開くこともある。聞いているこどもと読み手の視線は同じ方を向いている。ということは、聞き手にも読み手にも同じように見えていることになる。

「(『バムとケロのさむいあさ』の）凍っているカイちゃんを解かすのに入るお風呂はイヌの形のバスタブ、おまけに泡風呂！　「えーなあ」。萌のうらやましそうなこと。突然のお客さまがうれしくてたまらないケロちゃんは、持っているおもちゃをぜーんぶカイちゃんに見せるために部屋を往復します。わが家にあるおもちゃを見つけて「これ……うちにあるなあ」。英梧も大喜び。(略)」(岡野美佳さん『バムとケロのさむいあさ』)

お母さんと三人のこどもたちが一冊の絵本を囲んでいる様子がほほえましく浮かんでくる。バスタブを指さしてつぶやく萌ちゃん、自分も持っているおもちゃを発見して喜ぶ英梧くん。そんなこどもの指を追いかけることも、なんなくできてしまう。そしていっしょにページをめくる楽しさも味わえる。こどもは方向のことなど何も言わないけれど、お母さんが自分と同じ目線で物を見ていることは自然に伝わっていると思う。

こどもとの距離が近くなるので、ため息や小さなつぶやきが聞こえてくる。ことばにならない声を聞き取ることができるのもうれしい。

学童保育の仕事をしていた頃は、どうしても大勢のこどもと読むことが多かったけれど、それでも同じ方向から読んでいた。こどもが「読んで」と持ってきた絵本を開いて読みはじめると、すぐにあちこちからこどもたちが集まってくる。両脇がまず埋まり、背中や頭の上からも覗き込んでくる。こどもたちの体温を感じながら、息づかいを聞きながら読む。貧乏ゆすりをしながら聞いている子もいた。こどもにも字が読めるので、ちょっと間違えたりすると、「ちがう！」と鋭く指摘される。緊張する場面には、こどもの身体が硬くなることに気づいたこともある。おしくらまんじゅう状態も冬場は温かくていい。

おとながこどもに向き合って読む位置関係では、こどもの緊張が芯からほどけないように思える。少なくとも私には心地いいものではない。いっしょに本を読む時間を共有しているという感覚からは遠くなる。

1-11

小さなサインを受け止めて

「ちょっと読んだだけでもうウロウロしはじめてちっとも集中しないのですが、どうしたらいいんでしょう」という相談はそんなにめずらしいものではない。そんな時は、「読むのをやめて、こどもの話を聞いたらどうでしょう」と答えることにしている。

人は不思議で謎だらけだと思う。なんとか教育、何々思想などと、ひとつの考え方や様式が、テキストとか組織とかの形で一旦固まると、それが自己目的化してしまって、はじめの頃の目的を忘れてしまう。そんな例はヤマほどあるので、もしかするとその方が人の性向として普通なのかと思えるほどである。

この相談のケースも、最初はこどもといっしょに楽しい時間を過ごすはずだったのに、いつのまにか本を読むこと自体が目的になってしまっている。こどもがウロウロしたり、何かに気を取られたり、はかばかしくない反応を返してくると、まじめで几帳面な人ほど必要以上にそれにとらわれてしまうようだ。そして、思惑どおりに聞いてくれないこどもは、集中力のないこどもで、聞かせられない自分は本を読むのがへたなのだとまで思えてくる。

そんなことはない。こどもが聞こうとしないのにはわけがある。それをことばでちゃんと伝えられないから、体でサインを送っているのだ。ただ単に、選んだ本がその子の思いから遠かっただけのことかもしれないし、オシッコに行きたかったのかもしれない。こどもは、そのわけがはっきりわかっていてうまく表現できないだけのこともあるけれど、自分でもよくわからないことも多い。

こんな時は、本を読み続けることにこだわらずに、本を置いてちょっとこどもと話してみるといい。こどもの小さな声に耳を傾け、それが何なのかを考えてみる。そうすれば、例えそのわけがわからなかったとしても、こどもは自分のサインに応えてもらったことに納得するのではないだろうか。サインを出しても受け止めてもらえないことが続くと、やがてサインを出さなくなってしまうのではないかと思う。そういう環境で生き抜いていくためには、できるだけおとなに合わせるしかないと思い定めたら、こどもの心は閉じてしまう。

本を読むということは、食べる、着るといった、生きていくために不可欠な現実的な行為ではない。それだけに、本を読んでいる時に出てくるこどものいろいろなサインには、微妙なものが含まれることが多い。心の奥に潜んでいることが、ふいに表に出てくることもある。そうしたサインから、こどもの中にあるものに気づかされたり、こどもを少し違った角度から見直せるチャンスにもなる。私はそう思って、とても大切にしている。

読むのをやめてちょっとこどもと話をしてみたら、集中できなかったわけが案外簡単にわかって、また楽しい物語の時間に戻れるかもしれない。

1-12

お話の腰を折られることもまた楽しいもの

「読んでるとちゅうにあれこれ聞きたがるのですが……」という質問には、困ったものだといった響きがある。それはいけないことなのだろうか。

お話の途中で、「なんで?」とか「それ、なに?」と聞いてくる場合は、むしろ真剣に聞いていることが多い。知らないことばや理解できない展開をわかろうとして聞いてくる。読み手がそれに不満を感じるのは、せっかく読んでいるリズムをそのたびに切られてしまうことになるからである。無意識のうちに、聞き手のこどもではなく、読み手である自分の感情に支配されてしまっているのではないかと思う。

「『スーホの白い馬』を読んでる時なんか、ほんとうにいろいろ聞いてくるんですが……」という相談があった。よくよく話を聞いてみると、この絵本の聞き手は三歳の女の子だと言う。大好きなお母さんが涙を流しながら読んでくれるから、自分もその本を好きになりたいのだけれど、三歳という年齢でこの作品をすんなり理解するのは難しい。でも、少しでもわかりたくて質問してくるのではないか……と、こどもの状態がわかると受け止めたらどうだろう。

ちょっと立ち止まって遊びながら進んでいく読み方もあっていい。

あれこれおしゃべりが出てきて、立ち止まり立ち止まりして読むものには、絵

『スーホの白い馬』
（一八頁参照）

『からすのパンやさん』
加古里子／文・絵
偕成社

『バムとケロのさむいあさ』
（三〇頁参照）

『おはなしのろうそく』
シリーズ
東京子ども図書館／編
東京子ども図書館

本が多い。絵本は絵を楽しむ表現方法だからである。『からすのパンやさん』は、「この中で、どれがすき?」と、ページいっぱいのパンで遊ばずにいられない。『バムとケロのさむいあさ』は、「ホラ、ドーナツにもトイレットペーパーまいてある!」と、指差して教えてくれたところに何か反応しないと先へ進ませてもらえない。

『おはなしのろうそく18』の「ホットケーキ」は、ことばあそびがおもしろい。絵本でなくても、こどもはどうしてもそのおもしろい部分で立ち止まる。おじさんは「オジサンポジサン」、めんどりは「メンドリペンドリ」。こんな名前が出るたびに、ギャハッと笑って「オジサン　ポジサン〜!　なんじゃー?」と叫ぶ。読んでいる方も、そんなにおもしろいのなら、思いっきり笑ってねという気分になってくる。

食い入るように聞く作品に出会えれば、それはそれでうれしい。けれども一方で、マイナスに見えるリアクションには、また違った意味がある。こどもの内側に潜んでいるものに触れるいい機会のように思える。どこにひっかかっているのか、理解できないのはどこか、といったことを知るきっかけになることも多い。

こどもと本を読む時間は、物語を通して、おとなはこどもに安心感や自分の価値観を自然に伝え、こどもはおとなに自分の思いを届けている。こう考えると、お話の腰を折られることも結構楽しい。

1-13

ことばあそびという刺激

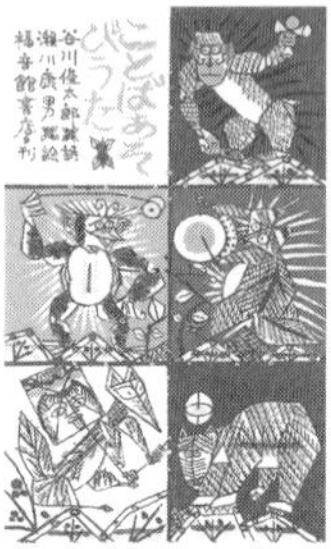

『ことばあそびうた』
谷川俊太郎／詩
瀬川康男／絵
福音館書店

『そうからかうぞ』
石津ちひろ／文
藤枝リュウジ／絵
リブロポート
（現在は入手不可）

「アキチャン、オフト　スキ」。ん？「お豆腐のこと？」「うん、オフト」。こどもとのおしゃべりには、思わず笑える場面がいっぱいある。こどもは粘土みたいにくっつけたり形を変えたりして遊びながら、ことばを自分のものにしていく。そこにことばあそびという刺激を加えたら、もっとおもしろくなる。

　ことばあそび絵本の代表格はなんといっても『ことばあそびうた』だろう。初版は一九七三年だから、こどもの時に聞いたことがある人が親になっていても不思議ではない。

「こどもがカタコトを話すようになった頃、ふと〝かっぱ〟の詩を思い出してきかせてみると、のどを鳴らして喜んだのです。意味のわからないことばの音だけでこんなに楽しんでくれるとは。おとなはつい、意味をとりながら読んでしまいますが、こどもは歌をきくように好きな詩に反応しています」（奥村充代さん）

　こどもにとっては、聞いたことのないおもしろい音だったのだろう。確かにふだんの生活のことばとは違う。それを敏感な耳は聞き逃さなかった。

『はなの　ののはな　はなのな　なあに　なずな　なのはな　なもない　のばな』に、『なもない　バナナ』ってオチをつけて楽しんでました」（守家洋子さん）

　のばな　バナナ、なるほど。萌ちゃんは、さらにひとひねりして楽しんでしま

『まさかさかさま動物回文集』
石津ちひろ／作
長新太／絵
河出書房新社

『クマのプーさん』シリーズ
A・A・ミルン／作
石井桃子／訳
岩波書店

っている。二歳になると、遊び方はこんなに高度になる。

この萌ちゃんが五歳になった頃、またまたおもしろいものに出会う。テディベア物語展を見に行って黒いくまちゃんを買い、お父さんが「くろくまくろく」と名づけた。上から読んでも下から読んでもくろくまくろくだ!!

「(略)そのノリで手に入れた『ぞうからかうぞ』、これがまたおもしろい。家中で楽しんでいます。お客さんが来ると見せてあげる一冊です」(守家洋子さん)

この作品の前作『まさかさかさま動物回文集』にも、「こんなスゴイ絵本があるなんて！　孫の本だったんですが、家中でのってしまって……」とおばあちゃんからのはがきが。おとなにとってもことばあそびは刺激的だ。

こどもの本には、こうしたことばあそびの要素がある作品が少なくない。『クマのプーさん』は、その典型ともいえる。我が家の娘たちは、中でも誕生日カードのこのシーンが大好きだった。「そういってフクロは、書きました、こんなふうに……おたじゃうひ　たじゅやひ　おたんうよひ　おやわい　およわい　プーは、ほれぼれと、それを見物しました」。何べんも読んでは、くすくす笑いあっていたこのシーン。こどもたちの遊びのあちこちに顔を出す。手紙をわざと間違えて書いては、間違い具合を競いあっておもしろがっていた。

ことばあそびがツボにはまると、ことばの世界は層倍もおもしろくなる。

1-14

あけてびっくり！　ポップアップ

『おばけやしき』
ジャン・ピエンコフスキー／作
でんでんむし／訳
大日本絵画

ポップアップのおもしろさは、平面が立体になる瞬間の驚きにある。

『おばけやしき』は、しかけが大掛かりでおとなでもびっくりする。絵本を開くと、なんだかやけに暗いお屋敷。そこには誰もいなくて、ページをめくるたびにいろんなお化けが立体的に迫ってくる。圧巻はぐーんと飛び出してくる大コウモリ。こわがりの幹夫くん（三歳）は、たいていの場合「読まないで！」としり込みする。でも、ひそかに興味はあるので何かの拍子に開くと、もう知っているのにびっくりして跳んで後ろに下がる。いつになったら触れるようになるか楽しみである。

『ぶたイヌくんってなんてなく？』は、いろんな遊び方ができておもしろい。絵本を開くとネコやらブタやらの顔がポンととび出してくる。絵本を開いたり閉じたりすると、口がパクパク動くしかけで、その顔は真ん中で切れて、上と下に分かれている。上と下の組み合わせを変えた鳴き声遊びができる。上がネコで下がヒツジなら、鳴き声は〝ニャー、メェー〟、上がブタで下がイヌなら、鳴き声は〝ブーブー、ワンワン〟ということになる。〇歳なら、パクパク動く口に目を見張って、鳴き声のバリエーションを音として遊んで楽しむ。けれども、それぞれの鳴き声を聞いたことがあれば、おもしろさは倍増する。一年生の教室で、これで早い者

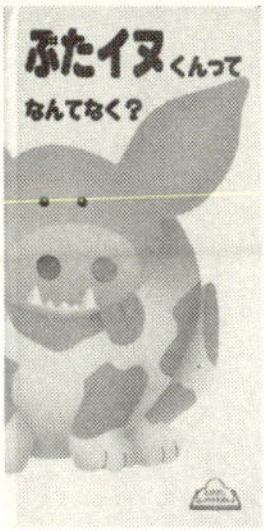

『ぶたイヌくんってなんてなく？』
キース・モアビーク／作
きたむらまさお／訳
大日本絵画

『メイシーちゃんのおうち』
ルーシー・カズンズ／作
五味太郎／訳
偕成社

勝ちゲームをしてみた。「ハイ、ハーイ！」と手があがる。「うーんとうーんと……ニャー、ワン」。案外詰まってしまう。鳴き声はするりとは出てこないようだ。

ポップアップのもうひとつの形、遊びの舞台になるものもある。開いたとたん、絵本がお家に大変身する『メイシーちゃんのおうち』。大変身はもちろんおもしろいのだが、ごっこあそびができるのも楽しいようだ。典久くんは二歳の誕生日にもらってから、まる二年もこれで遊び続けている。ページを開くと立ち上がる四つのお部屋は、バスルーム、リビング、寝室、キッチンになっていて、たくさんの小道具がついている。そのベッドの下にミニカーを入れて、「ここをガレージにする」と宣言したり、リビングの窓を朝にしたり夜にしたり、遊びはじめるときりがない。女の子好みのように見えるけれど、意外に男の子も楽しんでいる。典久くんは、戦士ガオレンジャーが大好き。かと思えば、こんなのどかなままごと遊びも好き。こどもはマルチな遊び方をする。

ポップアップは複雑なつくりのものも多いので、対象年齢は思っているより高い。あまり小さい年齢だと、手の動きがまだそれほど自由でなくて、ヘンに力が入って壊れることもある。こどもとしては壊す気などなかったのに、どうにかした拍子に壊れてしまって叱られたりしたら、もう最悪。楽しいどころではなくなってしまう。そのあたりにはくれぐれもご注意を。

1-15

絵本・お話・紙芝居——それぞれが活きる場所

絵本、お話、紙芝居、エプロンシアター、ペープサート、人形劇。こどもといっしょに物語を楽しむ方法はいくつもある。こうしたさまざまな方法を目的や場所に応じて使い分けるには、それぞれの特徴を押さえておく必要がある。

絵本は、まったくもって個人的な楽しみ方をするためのものである。絵の細かい部分を楽しむ、ページをめくることで何かを発見するというのが、絵本の絵本らしいところである。だから、こどもの近くで、少ない人数で、欲をいえば一人ひとりのために読んだ方が読み手も聞き手も満足できる。

大勢のこどもたちと読む場合、普通サイズの絵本では、後ろの方のこどもは絵が見えにくいので、どうしても前へ前へとせり出してくる。最近、大型絵本が少しずつ増えてきているのは、普通サイズの絵本では多人数で楽しむには無理があることがわかってきたからだと思う。

余談ながら、大型絵本『はらぺこあおむし』は、普通サイズ、ミニサイズ、あおむしのぬいぐるみを組み合わせて、みんなで呪文を唱えると大きさが変わる、という遊びにしてしまうなどといった使い方もできる。

聞き手の人数が多い時には、やっぱりお話や紙芝居の方がいい。

紙芝居は、紙のお芝居。たくさんの観客を前にして、紙と語り手とで演じるお

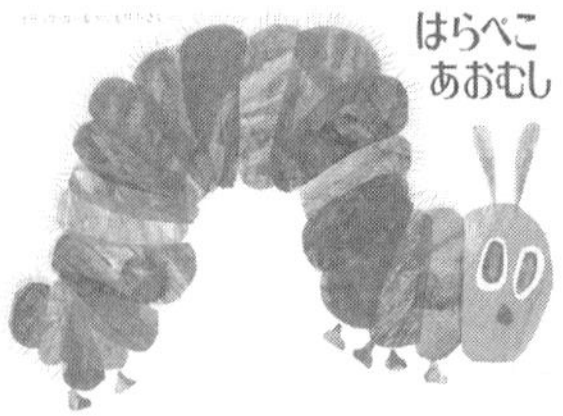

『はらぺこあおむし』
エリック・カール／作
もりひさし／訳
偕成社

芝居である。紙芝居の絵は、遠くの人にも見えるように、できるだけ省略してわざわざ大ぶりに描いてある。場面転換も、まるで舞台を回すような指示がされていたり、文章も脚本に近づいて、せりふが多い。

物語を耳から聞く機会の少ない最近のこどもたちには、できればもっとお話を聞かせてあげたい。お話は、実際に語ってみると、絵本とはまったくちがう手ごたえがある。今回初めてお話に挑戦するという、ノートルダム学院小学校のお母さんたちによるお話の会をのぞかせてもらった。演目は、ことばの微妙なニュアンスを楽しむユーモラスなお話が三つ。会場いっぱいのこどもたちはみんな口を閉じ耳をすましている。耳をすましていないことには、物語に入れないからだ。けれども、身を乗り出してはいない。小さな絵を見る必要がないからである。こどもの視線はもっぱら語り手の表情に集中する。

お話の終わり、オチの部分。「くさかった」という音は、「臭かった」と「草刈った」のふたつの意味を含んでいる。「くさかったー」と、語り手のことばでお話が締めくくられると、会場は一瞬さらに静まり返り、一呼吸置いてどっと笑いが起こった。一呼吸の〝間〟は、こどもたちの頭の中に、ことばの持つ響きとふたつの意味がこだまして、それを忙しく結び合わせたその時間だったように思えた。お話ならではのリアクションである。

『そうじき』
ねじめ正一／作
飯野和好／絵
すずき出版

1-16

こどもとおとなの読み取り方は違う

こどもとおとなの読み取り方は違う。こどもとこども、おとなとおとなの場合でも、読者それぞれ受け止め方は違う。まして、こどもとおとなでは大きく違うのがあたりまえなのだ。もし、三歳のこどもと、三〇歳のおとなが同じ読み方をするとしたら、三〇歳のおとなの二七年間はなんだったの？　ということになる。三歳のこどもは三歳なりの、おとなはおとななりの読み取り方ができるのが、こどもの本なのだ。

たとえば、ねじめ正一の『そうじき』（品切れ重版予定なし）は、経験という蓄えによる読みの違いが際立つ作品である。〝ぼく〟は、お母さんの留守の間に、部屋をきれいにしておこうと、押し入れから掃除機をひっぱりだそうとする。ところが、小さなからだには掃除機のホースが大きすぎて扱いきれない。結果として部屋中とんでもないことになってしまう。こどもとしては、役に立とうと奮闘するのだが、それがことごとく裏目、裏目に出てしまう。こんなはずじゃなかったというその結果だけを見て、おとなは叱る。雄弁に反論することができないこどもは、小さな声で言い訳をしてみるけれど、それが通じることはまれで、最後にはごめんなさいと言うはめになる。おとなの私は、そんな経験が「ある、ある」とうなずけるだけに、おもしろい。おとなたちの集まりで紹介しても必ず爆笑にな

『かいけつゾロリ』シリーズ
原ゆたか／作
ポプラ社

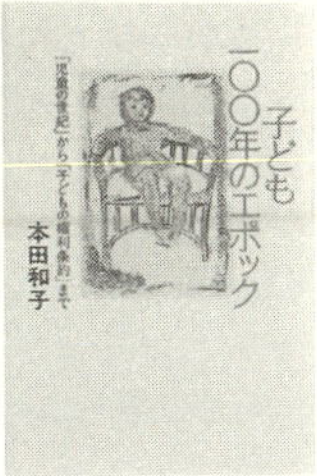

『子ども一〇〇年のエポック』
本田和子／著
フレーベル館

る。

ところが、四歳のこどもにも、七歳のこどもにもはかばかしい反応はない。それが高校生になるとウケにウケる。経験があって、それを客観化できる年齢になった方がより楽しめる作品だと言える。

こどもたちに人気の『かいけつゾロリ』などは、この逆で、本を読むことに、ことさらな意味をくっつけたがるおとなには、少しもおもしろいものではないらしい。もちろん、本気でおもしろいと思っているおとなもいるけれど、こどもほど無条件におもしろいと思っているわけではないと思う。現に私にしてもおもしろいとは思うし、いっしょに笑い合えることが楽しいとも思うけれど、こどもほど熱中はできない。こどもの時間でしか味わえない、だからこそこどもは文句なく楽しめる作品だということができるだろう。

こどもとおとなの読み取り方の違いは、個々の違いだけでなく世代によって違うものもある。それは互いを理解する上でとても有益というだけのことなのだけれど、現実には、それがそのまま受け止められることは少ない。

『子ども一〇〇年のエポック』で本田和子さんが言うように、こどもの本の世界には〝良書推薦人〟が存在していて、おとなの〝目に適う〟ことが良い本の条件になってしまっている。外側から見ると、私も十分〝良書推薦人〟かもしれない。せめて思いだけはそうならないように、自戒しなくてはと思う。

『〃なんでもふたつ〃さん』
M・S・クラッチ／作
光吉夏弥／訳
K・ビーゼ／絵
大日本図書

1-17

こどもが教えてくれる発想のおもしろい本

こどもの本にかかわっていていちばんおもしろいと思うのは、こどもの選ぶ本から受ける刺激である。〃良い本をこどもに！〃なんて、おとなはつい〃教え〃ようとするけれど、なんのなんの。こどもが見つけてきて教えてくれるものには、発想がとんでもなくおもしろい作品も多い。

おとなたちは、体裁を整え、見栄も張って、おりこうな本たち、または目先の新しいモノを評価しがちだけれど、こどもは違う。そんなことを考える必要がない。ただし、読書感想文を書きなさいというような事態になった場合は別で、こどもの方がちゃんと心得ていて、おとなの好みに合わせてくれる。

四年生のさやちゃんは『なんでもふたつさん』が、たいそうなお気に入りで「おかしいよ、おとなのくせに。な、読んでみて」と持ってきた。

おとなのくせに、なんでもふたつないと気が済まないお父さん。上着を二枚着て、ズボンを二枚はいて、ぼうしをふたつかぶって……というわけで、まわりのみんなは本名を忘れてしまって〃なんでもふたつさん〃と呼ぶ始末。彼女には、このおかしな人がおとなだということが特別おもしろかったようだ。こんな人ほんとうにいるわけはない。と思いつつ、よーく考えて、少し視点を変えてみると、私もヘンなものにヘンなこだわりを持っていることに気づく。

『ゆかしたのたから』
小沢正／作
佐々木マキ／絵
あかね書房

『へんてこもりにいこうよ』
たかどのほうこ／作・絵
偕成社

『ゆかしたのたから』も彼女のご推薦。宝の地図に魅せられて床下にあるはずの宝を掘りに掘るドジな話なのだが、これも主人公はりっぱなおとな。そしてどこかが自分に似ている。が、残念なことにもう重版されていない。

『へんてこもりにいこうよ』は「障害のあるこどもがね、おもしろいよと紹介してくれたんです。今、学校中で大人気です」と杉本先生が話してくれた。ハンディを持つこどもの紹介で、という特別の形容詞をつける必要はないかもしれないが、本を読むということにかけては、かなりのハンディを背負っている彼を思うと、あえてつけておきたい。

「ヘンテ・コスタさんのもり」のはずなのに、みんなは「へんてこもり」と呼んでいる、という出だしからなにやらおかしい。もりに入ってみたら、出てくる出てくるヘンなやつ。ヤカンのような〝まるぼ〟ぼさぼさの〝ぼさこう〟……。とても身近なものだけど、どこかがちょっとちがう。知っていることばだけど、ことばがまともに働かない。意味もなく遊んで遊んで遊ぶ。「遊びをせんとやうまれけむ」か。いやいや、それだけじゃない。遊んでいるようにみせかけて、実はことばの幅や奥行きをものにしているにちがいない。それにしてもこの発想。作者はおとなだということが不思議なくらいだ。

こどもがおもしろがっている本を素直に読んでみると、こどもを見る目も変わってくる。こども読者の目はしなやかで確かだと改めて思う。

1-18

こどもといっしょに楽しむ同時代性――『かいけつゾロリ』

本に限らず、楽しみには、同時代性と超時代性があると私は思っている。同時代性とは今という時間を共有することで、超時代性とは、時代を超えたメッセージを含んでいるというほどの意味である。おとなはどうしても超時代性の方により価値を求めたがるけれど、それは違う。二つの特性は比べることのできないもので、人が生きるためにはそのどちらもが必要なのだ。

レアなこどもに触れたいと思えば、人気のアイテムを共有するのがいちばんの近道である。なかでも本はことばで表現してあるだけにわかりやすい。

『ズッコケ三人組』『らくだいにんじゃ乱太郎』『〝ぼくらの〟シリーズ』『夢水清志郎』『地獄堂霊界通信』……。これらの、今、こども読者に圧倒的に人気のある作品たちにはいくつかの共通する要素がある。ことばやテンポが、今という時代に合っていること、作品の基調がどこか温かい雰囲気をもっていること、主人公たちは決して〝りっぱ〟な人物ではないことといったあたりが考えられる。

たとえば『かいけつゾロリ』。ゾロリ本人の弁によれば、彼は〝いじめの天才〟だそうな。自分中心、いばりやでいじきたなくて、お金に執着し、一攫千金を狙っては悪事を企む。が、いつもどたんばで失敗してしまう。

なんということはない。ふだんは秘かに奥にしまっている読者の負の部分がゾ

『ズッコケ三人組』シリーズ
那須正幹／作
ポプラ社

『らくだいにんじゃ乱太郎』シリーズ
尼子騒兵衛／作・絵
ポプラ社

『ぼくらの』シリーズ
宗田理／作
角川書店

『名探偵夢水清志郎事件ノート』シリーズ
はやみねかおる／作
講談社

『地獄堂霊界通信』シリーズ
香月日輪／作
ポプラ社

『かいけつゾロリ』シリーズ
（四三頁参照）

『葉っぱのフレディー』
レオ・バスカーリア／著
みらいなな／訳
島田光雄／画
童話屋

ロリという人格を借りて表に出ているだけなのだ。読者は自分の陰の部分をゾロリに代行させ、あげくの果てに失敗させて、ちゃっかりバランスを取り戻す。しかし、失敗はするけれどゾロリは決してめげない。次から次へと性懲りもなく騒動を起こし続ける。負の部分を代行してもらっている読者としては、めげてもらっては困る。なぜなら読者の目の前には、めげそうになる現実が山ほどあるからである。自分が弱くて完全ではないことを、心の奥でいつも気にかけていることも読者は、ゾロリの〝悪〟に共感し、〝めげない〟バイタリティーに励まされているのではないだろうか。

確かに、ゾロリは時代を超えて読み継がれるタイプの本ではないかもしれない。でも、今のこどもたちにとっては必要な本だと思う。それを〝つまらない本〟と一言で片づけてしまうとしたら、ゾロリを読むことでバランスをとっているかもしれないこどもは、そのあり方を否定されてしまう。

それにしても、ゾロリの持つ同時代性には目を見張る。下ネタも芸能ネタもしっかり使う。『ちきゅうさいごの日』では、ハリウッドスター、ディカプリオはデカプリオに、『葉っぱのフレディー』は〝カッパのフレディー〟に。こどももおとなも知っているものがそこここに顔を出す。それだけでもおもしろい。

こどもといっしょに笑えるもの、笑える時間があるというのはすばらしい。

1-19

親から子へと読みつがれるもの――超時代性を楽しむ

『いないいないばあ』『ひとまねこざる』『エーミールと探偵たち』『クマのプーさん』『ドリトル先生』……古典、定番と言われているものは時間を超えた何かをはらんでいて、親から子へと読みつがれる。

「私が幼ないころ好きだった『ぐりとぐら』シリーズ。こどもが生まれたら、絶対に読んであげようと思っていました。わが家の双子達も『ぐりとぐら』が大好きになり、特に卵をげんこつで割るところと、カステラを食べるところが大好きでした。自分もげんこつで本に描かれている卵をパンとたたいたり、カステラを食べるマネをして、母や父にもふるまってくれ、お茶まで入れるマネをしたりして……。眠りにつく前の、ほっこりとした時間をつくり出してくれた一冊でした」(田中和子さん『ぐりとぐら』)

華頂短大の西川先生は、こども時代の読書について何年も続けて立命館大学の学生さんたちからアンケートをとっていて、一部は『小学五年生の心理』の中にまとめられている。そのデータによると、印象に残っている絵本の部門では『ぐりとぐら』がずっと一位を占めている。多くは、おいしそうな匂いが漂ってきそうだったとか、ホットケーキを作ろうとしたといった具体的な体験といっしょに記憶のひだに刻まれているらしい。彼らが親になった時、こども時代の心地よい

『いないいないばあ』（一三頁参照）

『ひとまねこざる』シリーズ
H・A・レイ／作・絵
光吉夏弥／訳
岩波書店

『エーミールと探偵たち』
エーリッヒ・ケストナー／作
高橋健二／訳
W・トリヤー／絵
岩波書店

『クマのプーさん』（三七頁参照）

体験は再び甦り、この田中さんのようにこどもといっしょに『ぐりとぐら』を開くのだろう。

「私とグリムの出会いは童心社版『おはなしグリム』。表紙の赤ずきんちゃんの絵と白黒のさし絵がとても印象に残っています。小学校に上がる前に、おばさんに読んでもらったのです。うちの息子は福音館書店版。残酷な場面や日本人では考えられないドイツ的発想など、こどもには理解できているのでしょうか？　でも、「よんで！　よんで！」と持ってきます」（土田美穂子さん『おはなしグリム』『グリムの昔話』1〜3）

同時代性を楽しむことには少しばかりたじろぐおとなでも、自分がこどもだった頃に読んだ作品をこどもが読む分には何の異存もない。そこには、あんなにおもしろかったのだからという安心感がある。かつて自分が読んだものをこどもはどんなふうに読んでいるかということにも興味があるらしい。時間を超え、同じ作品をこどもといっしょに読む楽しさは格別のようだ。

もちろん、おとながかつておもしろいと思った作品をこどもが喜ばないこともある。いくら古典、定番と言っても、万人に心地よいはずなどない。それは、作品のせいでもこどもの能力不足のせいでもない。こどもにはその子の個性があり、こどもとして生きている時代が現在だという事実があるだけのことだ。

『ドリトル先生』シリーズ
ヒュー・ロフティング／作
井伏鱒二／訳
岩波書店

『ぐりとぐら』シリーズ
中川李枝子／作
山脇（大村）百合子／絵
福音館書店

『小学五年生の心理』
落合良行／編著
大日本図書

『おはなしグリム』
小林純一他／編
ウエルネル・クレムケ／絵
童心社

『グリムの童話』1〜3
フェリクス・ホフマン／編・絵
大塚勇三／訳
福音館書店

『ハリー・ポッターと賢者の石』『ハリー・ポッターと秘密の部屋』
J・K・ローリング／著
松岡佑子／訳
静山社

1-20 『ハリー・ポッター』現象

こどもの本はこどももおとなもそれぞれに楽しめる。『ハリー・ポッター』のシリーズは、売行き部数という数字でそれをはっきりと見せてくれる。

この作品は、一九九七年六月にイギリスで発売されるやいなや、瞬く間にベストセラーとなった。全七巻のシリーズは、二〇〇〇年末の段階で世界二八か国語で翻訳され、三六〇〇万部を売り上げているという。ニューヨークタイムズは、ブックランキングの一位から四位までを『ハリー・ポッター』が占めてしまうため、新たに児童書部門を設けた。そうしてやっとおとな向けの本を一位に浮上させたというほどなのだ。原書では、おとなのファンのために、内容はまったく同じで装丁だけを変えたアダルトバージョンもあるということだ。

作者ははっきりとこどもに向けて書いていて、ゲームに夢中だったこどもたちが書店や図書館に行列をつくって彼女の本を読みたがる、そのことがなにより嬉しいと言っている。ところが実際は、こどもだけが読んでいるわけではない。というより、日本では特に、おとなの読者の方が多いのではないかと思われるくらいで、売れ部数を児童書の部門に入れ込んでしまわれても困る。ともあれ評価は別として、この作品が年齢という壁を軽々と超えて爆発的に読まれていることは認めないわけにはいかない。こどもの本が、こどももおとなも読めるという性格のものであるということがとてもよくわかる現象である。

逆に、こどもという感性はひたすら貪欲で、おとなのために書かれた作品でも、歯に合うとみるや、すぐさま自分たちの本として取り込んでしまう。『ガリバー旅行記』『ロビンソン・クルーソー』など、元々はおとなのための文学だったものが、いつのまにかこどもの本の古典と言われるようになってしまっている。

日本の最近のベストセラーの中にも、こどももおとなも読めるスタイルを意識して成功している例は多い。『五体不満足』『だから、あなたも生きぬいて』『少年H』。これらは、小学生にも十分に読めるし、実際読んでいるが、必ずしもこども向けに書かれたわけではない。どれも総ルビになっていて、貪欲なこどもの感性にも応えるようになっているところが共通している。もちろん、共感を呼ぶ内容こそがその主な要素であるには違いないが、こうした造本上の特徴も見逃せない。ただ、それがノンフィクションかそれに近いものばかりというあたりに、日本の物語の衰退を感じさせられて少し淋しい。

逆に『君のためにできるコト』のように、児童書仕様にしてあるけれど、若い女性をターゲットにしているものもある。重い内容をやさしい装いでそっと届ける。装いはこどもの本だが、作者もそうは思っていないだろう。

こどもの本の定義は考えれば考えるほどこんがらがってくる。

『五体不満足』
乙武洋匡／著
講談社

『だから、あなたも生きぬいて』
大平光代／著
講談社

『少年H』上・下
妹尾河童／著
講談社

『君のためにできるコト』
菊田まりこ／作
学習研究社

第二章　こどもの〝楽しみ方〟を楽しむ

さていま皆さんは、ＡＢＣ順か、背の順にならんでこしかけており、うちに帰りたがっています。うちにお帰りなさい、子どもの皆さん！　何かわからないことがあったら、ご両親にききなさい！　ご両親の皆さん、何かわからなかったことがあったら、皆さんの子どもさんたちにききなさい！

エーリヒ・ケストナー著
『子どもと子どもの本のために』より「小さい自由」
高橋健二／編訳
岩波書店

『メイシーちゃんベッドにはいります』
ルーシー・カズンズ／作
五味太郎／訳
偕成社

2-1

0歳の赤ちゃんも一人前の読者

六か月になったばかりの崇子《たかこ》ちゃんは、今『メイシーちゃんベッドにはいります』が大のお気に入り。ねずみの女の子、メイシーちゃんがベッドに入るまでにトイレに行ったり、歯をみがいたりする生活の絵本。ひとつひとつの動作のどこかに開いたりひっぱったりするところがあって遊べるしかけ絵本になっている。あちこちから出ているブックリストでは、たいてい0歳の赤ちゃん向けの部類には入っていない。崇子ちゃんはまだ六か月。しかけになっている部分を動かすことは、もちろんできないけれど、誰かが動かすとどこまでも目で追いかける。ちゃんと、しかけ絵本をしかけ絵本らしく楽しんでいる。

その崇子ちゃんが英語に反応したのは予想外だった。ポップでおしゃれなこの絵本では、原書の英語がそのままデザインの一部になっている。お母さんがなにげなく英語で読んでみた。そうすると手足をバタバタさせて、キャッキャと大喜びしたと話してくれた。どうかすると、赤ちゃんは絵の方に、それもはっきりした絵に反応すると思い込んでいる人もいるが、私は、違うと思っている。赤ちゃんは、どちらかというと目よりも耳の方が早くから動いていて、お腹の中にいる時からいろんな音を聞いている。0歳でもおとなが考える以上に音には敏感。崇子ちゃんの場合も、いつもの日本語とは少し違う英語の響きがおもしろかったの

『えんやらりんごの木』
松谷みよ子／文
遠藤てるよ／絵
偕成社

『あかちゃんのあそびえほん』シリーズ
木村裕一／作
偕成社

ではないだろうか。

八か月の頃から『えんやらりんごの木』がお気に入りの女の子。

「絵を見ながら歌ってやると、手を振ったり、ちょんちょん手を打ったりして大喜び。りんごが赤くなって〝おじいちゃんにあげましょか〟が出てくると、絵の中のおじいちゃんを指さしたり、〝おとうさんにあげましょか〟という所では、お父さんの方を向いたりします。読み終わってからも、もう一度読んでといわんばかりに本をもちあげ、渡します。三回ほど続けて読むこともあります（略）」（松本知江美さん）

こんなことが一歳になった今もまだ続いているという。

「私が絵本が好きで、子どもがお腹にいる頃から声を出して読んであげていました。生まれた娘は絵本をとても興味深げに見ています。大好きな絵本はたくさんあるのですが、その中でもあかちゃんのあそびえほんは大好きで、ミルクの前に読んであげたりしています。読み終え、〝おしまい〟と本を閉じると、かなしそうに泣きだし、しかたなしに何度も読むはめになっています」（山田菜摘さん『あかちゃんのあそびえほん』）

「かなしそうに泣きだし……」という図が目に見えるよう。赤ちゃんが自分の言い分を強く主張しようとしたら泣くしかない。「悲しそう」に泣いて、赤ちゃんはこんなにも豊かに思いを伝えてくれる。

『じゃあじゃあびりびり』
まついのりこ／作
偕成社

2-2

0歳の赤ちゃん、それぞれの個性的な楽しみ方

一人ひとり顔が違うように、赤ちゃんの性向も生まれた時からそれぞれに個性的でおもしろい。よく寝る子もいれば、夜もあまり寝ないでお母さんを困らせる子もいる。動きの激しいこどもがいるかと思えば、おっとりと構えた子もいる。こんなに小さな時から一人ひとり違う。生まれた時から持っているものは大きい。

本の楽しみ方もそれぞれで、ピックアップすればきりがない。その子に、どんな本のどんなところが響くのか。響いたことをどうやって返してくれるのか。こんなに小さくてもみんな違う。だから、いっしょに読むとおもしろい。

「現在七か月の祐基は、最近日常の中で体験していることがらがぎっしりのこの本『じゃあじゃあびりびり』が大好きです。とくに〝じどうしゃ　ぶーぶーぶーぶー〟や〝いぬ　わんわんわんわん〟、〝らっぱ　ぷっぷー　ぷぷー〟の三ページがお気に入りで、嬉しそうにニコニコしたり、チャハッと声を出す事もあります」（中大路佳恵さん『じゃあじゃあびりびり』）

お気に入りは、三冊セットになっている『あかちゃんのほん第二集』の『じゃあじゃあびりびり』。シンプルな展開のこの絵本は、こどもの身近なところにある物と音が結びつく楽しさが詰まっている。祐基くんには、その中でも三つのページに特別の思い入れがあるらしい。〝嬉しそうにニコニコしたり、チャハッと声を

『ゆーらりや』
おのりえん／文
アンヴィルなほこ／絵
福音館書店

『いいおかお』
松谷みよ子／文
瀬川康男／絵
童心社

出〟したりしてそのことを伝えてくれる。

「あまりぐずらない佳菜子が、六か月をすぎてなぜか夕方になると「エーンエーン」。どうやらねむいようです。ふとんに入れて『ゆーらりや』を読むと、あら不思議、ピタッと泣きやんで見入ってます。大好きなのは「かぜにふかれてひゅうひゅうふわり」「ひゅうひゅうふーわりゆーらりや」のページ。「ヒュウウゥ…」と声をあげて喜びます。本をゆらしながら上げると、自分もいっしょに空へのぼっていく気がするのでしょうか。佳菜子も大好き、親もうれしい。0歳でもちゃんとわかるのですね」（辻田博子さん『ゆーらりや』）

実に〝あら不思議〟以外のなにものでもないおもしろさ。自分もいっしょに空へのぼっていく気がするのだろうかと、親はこどもの思いに寄り添っている。

「ページをめくるたびにたのしい仲間が増えて、みんな（ふうちゃん、ネコ、イヌ、ゾウサン）がニコニコしている、瀬川さんの絵が気に入ったのか、一歳前の航平のお気に入りはこの本でした。何度でも飽きずにながめていたので、一歳前のこどもでも好きな本はわかるんだなぁ、と感心しました」（高橋　文緒さん『いいおかお』）

〝わかるんだ〟ということがわかって、それがまた親としてはうれしい。絵が気に入ったんだろうか、それとも……と、彼の内側に思いをはせるのも楽しい。

2-3

絵本にはお気に入りのページがある

『もこもこもこ』
谷川俊太郎／作
元永定正／絵
文研出版

小さいといっても、こどもはそれぞれにお気に入りの本を見つける。その中でもどこかのページに特別な思い入れがあることも多い。

ママに読んでもらって『もこもこもこ』が、大好きになった千尋《ちひろ》ちゃんは、一歳二か月の小さなお姉ちゃんで、ふたごの弟がいる。

谷川さんの詩と元永さんの抽象画の絵本『もこもこもこ』は、一九七七年に初版が刊行されている。しーんとした平らなところから、もこっとふくれあがった何かがどんどん大きくなってぱちんとはじけ、ふんわふんわとあちこちにちらばっていく。ことばと画が完璧にかみ合ってひとつのイメージになった、地球の営みとも植物の一生とも、解釈自在のふしぎな作品である。

千尋ちゃんは、中でも〝ぎらぎら〟から〝ぱちん〟になる瞬間がたまらないらしい。身を乗り出して「パチン」と大声を出して、本をたたいてもう興奮状態になる。このページに特別に惹かれるのはなぜなのか。パチンという音の感じが体でわかるのか、それとも絵が強烈に働きかけてくるのか。残念ながら、千尋ちゃんは説明なんてしてくれないから、ママにもわからない。

『みずまき』を一目で好きになったのは、一歳十一か月の陽太《さんた》くん。暑い夏の昼下がり、昼寝から醒めて庭に水まきをするという話。水墨画のようなタッチで生

『みずまき』
木葉井悦子／作・絵
講談社

『あめふり』
さとうわきこ／作・絵
福音館書店

き生きとした庭の風景が広がる個性的な絵本である。こどもっぽさのかけらもない絵本だが、彼はおどろくほど的確に反応する。犬のウンコのページにくると、必ずそこを指さしては「ウンコ」と叫ぶ。そもそもこのウンコを見つけたのも陽太くんだった。字を追いかけるのに忙しいお父さんには、見えてなかったのに、読み手を止めて「ウンコ」と叫んだのだ。以後、ここでは必ず立ち止まらないと気がすまない。まだある。背景の中に小さく描かれた昼寝の犬と猫を見つけては、「イヌ　ネンネ、ネコ　ネンネ」と説明してくれる。このページもお決まりの場所である。こどもは信じられないほどよく見ている。

『ばばばあちゃん』シリーズの『あめふり』が大好きなのは、二歳の草太くん。「一歳のころから大好きで、いつもいっしょに読んでいます。最近は、たくさん描かれているかみなりさんの中から〝めがねさん〟を探して見つけるのにこっています」（小伊藤さん『あめふり』）

あめふりの続く毎日。外で遊びたいばばばあちゃんたちは、雨をふらしていた雷たちに胡椒と唐辛子の煙をお見舞いするという痛快なお話。雲の上でも、落ちてきた雷の中にも必ずめがねさんがいる。なるほど。身近に誰かめがねをかけている人がいるからなのか、それとも、こどもが人を認識する時、目に注目するという本能的なところから来ているのか。ずーっと読んでもらっているけれど一歳の時とは違う読み方をする。お気に入りの場所もこどもの成長とともに変わる。

『どうぶつはやくちあいうえお』
岸田衿子／作
片山健／絵
のら書店

2-4 音を楽しみながらことばを自分のものにする

まだ一歳にもならないのに、尚《なお》くんはおばあちゃんが遊びにくると『どうぶつはやくちあいうえお』を持ってきてぐいぐいと押しつける。これを読んで欲しいという尚くんなりの合図である。

『どうぶつはやくちあいうえお』は、どうぶつたちをあいうえお順に並べて、早口ことばに仕立て上げた。てのひらサイズのおしゃれな造本になっている。

「あんぱんぱくぱく　ぱんだの　ぱんや」「うしろでうろうろ　うるさい　うし」といった調子のゆかいな早口ことばが続く。まだ尚くんに早口ことばということも、ひとかたまりのそのことばの意味もわかるはずもないのに、ママにもおばあちゃんにも何べんも読んでほしいと持ってくる。中でも「えびが　えんびふくきて　えんぶきょく」と、「いかに　かにがちょっかい　いか　いかったいかった」のページのリクエストが多い。ふんふん、くいしんぼ尚くんの好物ばっかりじゃないか。

そんな尚くんをよーく見ていると、彼は本の絵を見るのと同じくらい、読んでいる人の口元を見ていることがわかる。彼は説明してくれないので推測するしかないのだが、「おもしろい音が出てくる口。どうしたら自分もあんなおもしろい音が出てくるんだろう」とでも思っているらしい。そしてその音はどうも、絵本の中の自分の知っているものを指している。とはいっても、彼が音を聞いて、絵で特定できるものはまだそう多くない。なのに、何べんも持ってくるところを見ると、音と絵のつながりよりも、音そのものを楽しんでいるのではないかと思えてくる。あんまり何べんも読まされた尚くんのママはとうとう、「この早口ことば、全部おぼえたよ。さあ、いつでもかかってこい！」だって。

三歳のもりおくんは、お父さんにほんとうの早口で読んでもらうのも好きだし、好きなページで止まるのも好き。好きなページは「れこーど　ねこねころんでよろこんできく」だそうで、お父ちゃんがレコードを聞いている時みたいだからとか。さすがに三歳ともなると、好きな理由もはっきりと伝えてくれる。

宮城さん親子はその独特の楽しみ方をはがきで届けてくれた。

「ふくろう　くろいふくめんで　ふくどろぼう」「するなー！」「むささび　むしばに　むせびなく」「なんかかわいそう……」。ページをめくるたびに、関西人らしくつっこみをいれるらしい。早口ことばとしてだけでなく、意味にも手を加えて一段上の遊び方をしている。「こどもはこども流、おとなはおとな流に、絵も文も笑えることまちがいなし！」なのだそうな。

こんなふうに、こどもは音を楽しみながら、ことばを自分のものにしていく。おとなのことばも楽しくなる。

2-5

「でんしゃ、でんしゃ」であけくれる幸せ

乗り物の本が好きな子は、客観的に見て圧倒的に男の子が多い。「でんしゃ」と聞いただけでビクッと反応するし、字が読めなくても本棚からちゃんと乗り物の本を引っ張り出してくる。乗り物好きの嗅覚とでも言うしかない。

「電車や乗り物が大好きな息子が初めて出会った二冊の本。今でも「読んで」と何度も言います。中でも〝ちゅうちゅう〟が線路の向こうからやってきそうなワクワクとした気持ち、〝けいてぃー〟が雪をかきわけ仕事をする様子、目を輝かせて楽しんでいます」（沓掛佳代さん『いたずらきかんしゃちゅうちゅう』『はたらきもののじょせつしゃけいてぃー』）

二歳の頃この本に出合ったこの子は、四歳になった今もなんども読んでとせがむという。バートンのすごいところは、乗り物の絵本を無機的なものにしないということだと思う。無機的でないところ、どこか人間的な温かみを感じさせるところは『機関車トーマス』シリーズにも通じるものがある。

「とにかく車好きの息子にうってつけの本でした。自分が持っている本とだぶらせ、「のってのって」といっしょに言いながら何回も読みました。最後の「しゅっぽーつ！」というところが特にお気に入りで、振り付けつきで大喜びして読んでいます」（田村佳美さん『のってのって』）

『いたずらきかんしゃちゅうちゅう』
『はたらきもののじょせつしゃけいてぃー』
バージニア・リー・バートン／作
石井桃子／訳
福音館書店

『のってのって』
くろいけん／作・絵
あかね書房

『きかんしゃやえもん』
阿川弘之／作
岡部冬彦／絵
岩波書店

二歳のこれまた男の子である。けんちゃんとネコちゃんが乗り物にのっているポーズがあって、ページをめくると、オートバイにまたがったふたり。これが、パトカー、しょうぼうしゃ、バス、そして、けんちゃんのおもちゃのくるまと繰り返される。この作品もやわらかいタッチが特徴である。

「現在二歳のお誕生日を過ぎた循くんのお気に入りの本は『きかんしゃやえもん』。なぜか「……しゃあ……しゃあ……しゃあ」とか「ぷっすん、ぷっすん」などの擬声語が大好きです。この場面になると、私の読むのに合わせて声を出します。さらに「オカベ、オカベ、ヨンデ」といって『きかんしゃやえもん』をもってきます」（河野眞理子さん『きかんしゃやえもん』）

大好きな汽車に心地いいリズム。好きになる条件はそろいすぎるほどそろっている。それにしても「オカベ、ヨンデ」というあたりは、なんともこどもらしい。絵を描いている岡部冬彦のオカベが、なぜか彼の頭の中に強く残ったようだ。思わぬところに注目している。ほんとうにこどもはおもしろい。

乗り物好きはさらに、電車派と自動車派に分かれる。それがなぜなのか、それぞれどういう特徴があるのかはわからないが、ひとつの本、ひとつのジャンルに執着するのもやっぱり男の子に多い。もちろん性差よりは個人差の方が大きいに決まっているけれど、どっちにしても、浸るほど好きなものがあるのは幸せなことに違いない。

2-6

絵本の中に大好きな人や物を見つけて確かめる

もしかしたら、こどもが絵本を読むのは、大好きな人、大好きな物をそこに見つけて、確かめるためかもしれない。そんな要素をさがし絵という表現方法で目いっぱい楽しませてくれる絵本は、こどもにとても人気がある。

二歳のあきちゃんは、このところ、『とこちゃんはどこ』が特別気に入っている。ママといっしょにお出かけしたとこちゃんが、市場やデパート、動物園などの人ごみで、ちょっと目を離した隙に迷子になってしまう。さあ、どこにいる？　あきちゃんにはお母さんが読み始めるまで待っていられない。ページをめくったとたん、赤い帽子のとこちゃんを指さして「ココ！」と叫んでしまう。画面のあれこれは、もうすっかりおぼえているから探すまでもないのだ。それでもなんべんも「ヨンデ」と持ってくる。発見して遊び、見つけたものが確かにあることを再確認して安心する。指で触れるのも楽しいのだろう。

『とこちゃんはどこ』は、日本のさがし絵絵本の草分けで、お話の要素が強い。それに比べて、『ウォーリーをさがせ！』は、画面全体が細かい人と物で埋まっていて、まさに絵の本になっている。はじめての頃ほどのブームではないにしても、人気の作品に変わりはない。こどもは日々新しい。今のこどもにとっては新鮮に感じられるようで、頭を寄せ合ってはにぎやかに遊んでいる。

『とこちゃんはどこ』
松岡享子／文
加古里子／絵
福音館書店

『ウォーリーをさがせ！』（七三頁参照）

『ミッケ！』
ジーン・マルゾーロ／文
ウォルター・ウィック／写真
キャロル・D・カーソン／デザイン
糸井重里／訳
小学館

『ミッケ！』は、ある保育園の文庫で大流行したことがあった。その時は、おとなたちがまず、写真の画面そのものの魅力に惹きつけられてしまった。被写体とその形や色合いに興味津々だったらしい。それに引き込まれたこどもたちは、いろんな物がとにかくいっぱいあることに圧倒されながら、一回目は文章で指示されているものを見つけて遊ぶ。二回目からは、画面の隅々や奥に隠れている物を見つけはじめる。そして「見て！　見て！　ほら」とおとなを呼んで、いっしょに見ることを要求する。こうして『ミッケ！』のまわりには、いつも人が群がっている状態が続いたのだった。

この絵本は、雑多な物の写真をテーマや形、色で集め、さがし絵として構成されている。原書のタイトルは『I SPY！』で、六集まで出ている。写真を使った絵本は、ありそうで案外少ない。文句なく楽しめるものはもっと少ない。そんな中でこの作品がひときわ目をひくのは、カラフルな画面と集められている物たちの質の高さによるのではないだろうか。何かを探すおもしろさだけでなく、被写体ひとつひとつをていねいに見る楽しさも味わえるあたりが、まずおとなを虜にした理由かもしれない。

さがし絵絵本は、読み手のペースでいつでも立ち止まれる。画面に触れることもできる。どんな年齢でも、何度でも楽しめる。絵本ならではの楽しみ方が、存分に用意されているのもまた、大きな魅力なのだろう。

2-7

「大きくなる！」――こどもは物語に願いを重ねる

『いえでだブヒブヒ』
柳生まち子／文・絵
福音館書店

『ピーターのいす』
エズラ・ジャック・キーツ／作
木島始／訳
偕成社

こどもはだれでも大きくなることを願っている。というより、大きくなることは、お腹の中にいる時からプログラムされている生命の望みそのもの。だから大きくなったことを確認するのはなんともいえない〝快感〟なのだろう。その実感は、いつもの安心な場所から飛び出してみた時、一番強く感じ取れるものかもしれない。

『いえでだブヒブヒ』は、こぶたの三兄弟がけんかしたり、ちらかしたりでお母さんに叱られて「こんなうち、もうやーだ」と家出するお話。やさしいお母さんのいる家を探して、うさぎ、ワニ、カラスのお家で暮らしてはみるのだけど、なにかどこかがちがう。そこでテント生活をしてみて……。ひとまわり大きくなったこぶたたちの結論は、やっぱりお母さんのいるお家がいい！

三歳のもりおくんは、このお話が大好きなのに、読んでもらう時には妙にしおらしくなって、息をのんで聞いている。妙にしおらしいのは、自分が、わがままを言ったりちらかしたりしてお母さんに叱られたことを思い出すからだろうか。なのに読んでと持ってくるのは、家出したこぶたたちがちょっぴりうらやましいからなのかもしれない。

大きくなることは〝快感〟ではあるけれど、小さかった頃の心地よさを捨てると

『あおいふうせん』
ミック・インクペン／作
角野栄子／訳
小学館

いう痛みを伴うものでもある。『ピーターのいす』は、そんな葛藤を描いている。今ではめずらしくもなんともないことだが、一九六七年の初版当時は黒人の少年を主人公にした絵本としても話題になった。ピーターに妹ができた。これまで自分のものだったあれこれが妹のものに変えられるのにがまんできなくて、小さい時に使っていた椅子を持って家出する。ところが、座ってみるとおしりが椅子に入らない。自分が大きくなったことを確かめたピーターはようやくその痛みも受け入れる。

『あおいふうせん』は、ページを広げると風船が予想外の変化をみせるしかけになっている。誕生日の次の日、子犬のキッパーがみつけてきたのはしぼんだ青い風船。ふくらましてみると、ページが縦に横に広がって、風船はどこまでも大きくなっていく。あやちゃんは、風船を大きくするのがとっても気に入っている。「ママ、ほら、みてごらん！　こーんなに大きくなったよ！」なんべんもなんべんも見せてくれるので、破けてしまいそう。そのたびにお返事しないといけないのもちょぴり大変？　かな。

この絵本、しかけがおもしろいから人気があることは間違いない。それともうひとつ、〝あなたも青い風船のように大きくなれるよ〟という励ましも、こどもはちゃんと受け止めている。だからボローニャの国際児童図書展で、こどもたちはこの作品を「エルバ賞」に選んだのではないか、と私は密かに思っている。

2-8 触ったり、抱きしめたり。それが絵本の絵本らしさ

絵本には、触ったり、抱きしめたりする楽しみがある。ここが映像メディアとは違うところで、それを遊ばない手はない。

ついこの間も、若いお母さんから、「絵本を読んであげている時、こどもが触ったり噛んだりしてちゃんと聞いてくれない。大丈夫なんでしょうか」という質問があった。「絵本のいいところは、ビデオと違って触ったり噛んだりすることができることなんですよ」と言っても半信半疑で、〝そんな絵本の読み方ってありなの？〟という顔をしている。絵本はおとなが読んで〝あげる〟もので、こどもはお行儀よく、しーんとして〝聞く〟ものだという思い込みが、絵本の読み方を窮屈にしている。

最近では、触ったり抱きしめたり、時には噛んだりしても大丈夫な絵本もたくさん出てきている。

カズンズの『ふかふかえほん』は布の絵本で、文字通りふかふかと柔らかい。シリーズは四冊で、赤ちゃんの身近にあるものがカラフルに登場する。はっぱやらちょうちょやら、一ページにひとつずつ何かが描かれているだけだけれど、ほっぺにくっつけたり、お口で味わったりして読める。紙の絵本とはそれこそひと味もふた味もちがっている。

『ふかふかえほん』シリーズ
ルーシー・カズンズ／作
偕成社

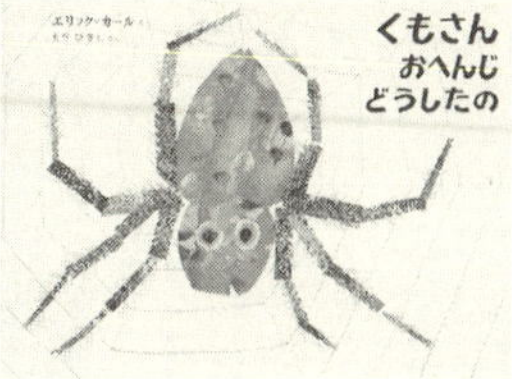

『くもさんおへんじどうしたの』
エリック・カール／作
もりひさし／訳
偕成社

『チョキチョキチョッキン』
ひぐちみちこ、いわたみちこ／作
てんやく絵本ふれあい文庫
こぐま社

『ゆかいなどうぶつ』
川添泰宏／作
福音館書店

『これ、なあに？』
イエンセン、ハラー／作
熊谷伊久栄／訳
偕成社

エリック・カールの『くもさんおへんじどうしたの』は、小さいこどものためのというよりは、バリアフリーを意識している作品。せっせと糸を張るクモ。ページをめくる毎に巣の形は整っていく。このクモの糸は特殊なインクで印刷してあって、糸だけが盛り上がっている。クモは巣を作るのに忙しくて、いくら話しかけても返事をしない。「クモさん、すをつくるのがいちばんいそがしいから、へんじしないんやで」五歳の耕太郎くんは、盛り上がっている糸を最後まで指で辿って、そのわけをこう説明する。

『チョキチョキチョッキン』は、はっきりとバリアフリーのために作られている。自慢のハサミで切り紙遊びをするかにのお話には凹凸のある絵と点字がついていて、指で絵の輪郭をたどりながら読む。目の見える子も見えない子もいっしょに楽しめるように作られている。見える子は意識的に指先でさわるという機会が少ないので、さわって読むことがずいぶん新鮮に感じられるようだ。「あっ、つるつる、こんどはざらざら」とつい声も出てしまう。

『ゆかいなどうぶつ』『これ、なあに?』のようなさわって楽しむ紙の絵本やカード、ミッフィー、メイシーちゃん、おさるのジョージなど、布の絵本も増えている。こうした現象は、絵本は、読者一人ひとりがそれぞれのペースで絵を楽しみながら読めばいいんだよと言っているようでもあるし、どこかで〝実感〟を求めはじめたバーチャルな現代を象徴しているようにも思える。

『はるなつあきふゆ』
ジョン・バーニンガム／作
岸田衿子／訳
ほるぷ出版

2-9 ウロウロしていても、お話はちゃんと聞いているよ

ある風の強い秋の日の午後。落ち葉の舞う保育園の園庭には、こどもたちの歓声が重なりながらこだましている。

ジャングルジムのてっぺんに登っているのはいつも元気な雅浩くん。空に向かって両手を広げた彼が、突然大きな声でうたいはじめた。「はるになったら……」。風を身体中でつかまえるぞとでもいわんばかりに右に左に揺らしながら、朗々とうたう。

「あきになったら　とびちるはっぱ　えさをあつめるりす　はたけをたがやすトラクター　たきびのけむり　そらたかくとぶかり　ながいながいよる。ふゆになったら……」どこまでいくの？　久美先生はあっけにとられてジャングルジムの上を見上げていた。「ふゆになったら……」とうとう彼は最後まで語りきってしまった。雅浩くんの満足そうな顔。

「ほんまにびっくりしたわぁ。絵本が大好きっていう子やないねん。いつもな、じーっと聞いてられへんかってん。そやのに全部おぼえてるんやもん、あの子」

久美先生はこの絵本、ジョン・バーニンガムの『はるなつあきふゆ』が好きで、こどもたちといっしょによく読んでいた。この詩の絵本は、広げると四倍にもなる大型のしかけを使って、四季の移り変わりをダイナミックに描いている。秋のシーンは、画面いっぱいに黄金色の広葉樹、葉っぱが一面に舞っている。聞くともなしに聞いていた詩が、いつのまにか男の子の深いところに入り込んでいた。そして詩と同じ情景に出くわした時、せきを切ったように彼の中から飛び出してきた。

「本読みたい人おいでー」。久美先生は本を〃読み聞かせ〃たりはしない。いつもこどものペースを乱すことなく、いっしょに楽しんで読む。それはテクニックではなくて、ほんとうにこどもといっしょに本の世界を旅することが好きなのだ。そんな先生の近くには、食い入るように聞いているこどもが群れている。かと思えば、雅浩くんのようにぜーんぜん聞いていないように見えるこどももいる。そんなことにはおかまいなしに、先生はひたすら気持ちよさそうに読む。だからこそ自然にこどものところに届いていたのだと思う。

お行儀よく、身じろぎもせず聞くばかりがこどもの聞き方ではない。こどもは全身の感覚を総動員して遊んでいる。遊びながら、心地いいものはちゃんと自分のものにする。

それにしても、こどもは思いがけない方法で思いもよらぬメッセージを届けてくれるものだ。

2-10 こどもにとって、絵本は安心のツール

夜の小児科病棟は、消灯の時間になると特別さみしくなる。詰め所の机にうつむいて書き物をしていた新米先生の耳に、泣き声が聴こえてきた。ドアの向こうに小さな影が見える。ちひろちゃんだ。どうしたんだろう。

「どうしたん？　しんどいの？」ぐすんぐすん。なかなか涙がとまらない。そうだった。「今日はお母さんがいはらへんのやね」

こっくりうなずいて、ちひろちゃんは手の甲で涙をふいた。

いつも側にいてくれるお母さんが今夜はいない。どうしていないのか、彼女にはわかりすぎるほどわかっている。明るい間はそれでもがまんできた。夜のしじまが降りて、静けさがあたりを覆いはじめると、まだ八歳の彼女の胸は不安でいっぱいになってきたのだろう。たまらなくなって、とうとうここまできてしまったようだ。

先生はちひろちゃんと少しお話をして、プレイルームから絵本を持ってきた。

「ほら、『ウォーリーをさがせ』。ちひろちゃん、これ、知ってる？」「うん」

「いっしょに探そうか？」「うん」

「あっ、ここや」

「えーっ、ちひろちゃん早いな。やったことあるの？」「うん」

『ウォーリーをさがせ』
マーティン・ハンドフォード／作・絵
唐沢則幸／訳
フレーベル館

「ずるーい。でも、次は負けへんで」

先生とふたり、ウォーリーを探して遊んでいるうちに、ちひろちゃんはすっかり落ち着いてきた。最後のページまでたどって本を閉じると、「おへやにかえる」と言う。

「先生、おへやまでついていってあげようか?」「ううん、いい。おやすみ」

ちひろちゃんはスリッパの音を残してベッドに帰って行った。

とりたててなんということはない光景だが、絵本をいっしょに遊ぶことで、こどもの内側に安心感がわきあがってきているのがよくわかる。

絵本というメディアは、描かれたイメージを共有できるだけに、こどもにとっては安心感も大きい。この『ウォーリー』のシリーズは、画面いっぱいに細かく描かれた人の群れの中から、ウォーリーを探すしかけになっている。ウォーリーは、赤い帽子をかぶってしましまシャツを着ている。さてどこにいる? というわけで、指で画面に触れて探すことになる。先生とひとつの絵本を触って探して、いっしょに確かめる。確かなものを実感できたちひろちゃんは、さらに大きな安心感に包まれる。

この場合、先生の選択はベストだった。

『フレデリック』
『スイミー』
レオ・レオニ／作
谷川俊太郎／訳
好学社

2-11 物語にはこどもを安心させる魔法がある

四歳になったばかりの風太くんは、三歳の後半からずっと『フレデリック』が気に入っている。その執着の仕方はいささか並外れている。

彼が最初にこの絵本に出会ったのは、ビデオの『スイミー』だった。これには、レオ・レオニの作品が五つ入っている。『フレデリック』から始まり『スイミー』で終わっているが、原作の雰囲気はそれなりにカバーしていて、そう違和感はない。

いつものように、じっとビデオに見入っていた風太くんは、特に印象に残るような感想をことばにしたり、特別なリアクションをしたりはしなかった。おふろ上がりのゆったりとした気分のまま、淡々と見ていたように思う。

その風太くんに次に出会った時、「『ぐるんぱのようちえん』読もうか？」と聞くと、「ううん、〝ちいさなのねずみのはなチ〟がいい！」と言う。〝のねずみのはなし〟？　なんだそりゃと一瞬考えて、ハタと思い至る。そういえば『フレデリック』のサブタイトルは、〝ちょっとかわったのねずみのはなし〟だったな。

「『フレデリック』のこと？」「そうそう」というわけで読み始める。じっと聞き入って終わるとため息をつき、「もいっかい」「もっと」とせがむ。もともと声に出して読むのは苦もないことなので、五回ほども読んだだろうか。

『ぐるんぱのようちえん』
西内みなみ／作
堀内誠一／絵
福音館書店

二週間ほど後、こんどはいっしょにプールに行くことになった。途中のバスの中で、おねむになった彼は「な、おはなチ、チて。フレデリック！」と体を寄せてくる。「うしがぶらぶらあるいてる。うまがぱかぱかはしってる……」覚えているかぎりのストーリーを追い、話し続けたが、最後の詩の場面で詰まってしまった。と突然、「ダレガ　ソラノ　アカリヲ　ケスノ？　ダレガ　ツキノ　スイッチヲ　イレルノ？」風太くんがつなぐ。なんてこと！　流れもフレーズもちゃんと覚えてるんだ。

『フレデリック』は農場の近くにすんでいる五匹のちいさなのねずみの話。お百姓さんが引っ越してしまったので、冬を前に、のねずみたちは夜も昼も働いて、とうもろこしや木の実を集めている。なのにフレデリックだけは石垣の上にじっと座ってばかり。冬の日のためにおひさまの光や色やことばを集めているのだと言う。やがてやってきた冬の日。初めのうちは食べ物は豊富で、ぬくぬくと暖かかったが、そのうちそれも尽きてくる。そこでいよいよフレデリックの出番になるという、なんとも哲学的な作品である。

いったい彼は何をどこまでわかっているのだろう。そして『フレデリック』は彼にとってどんな存在なのだろう。

2-12

イメージすることの不思議

『フレデリック』の登場は、まだまだ続く。ユウスケくんがお家に遊びにきた時には、ユウスケくんのお母さんに読んであげた。「おもしろかったわ、風太くん。ぜんぶ覚えてるんやね」とほめてもらった、その時の顔の満足そうだったこと！

それから三週間も後、お父さんといっしょに行った親子遠足の帰りのバスの中。経験したことのない集団での遠出に興奮したのか、仲のいいタカちゃんと大きな声で叫ぶようにおしゃべりをしている。と思ったら、急に静かになった。ん？何かブツブツつぶやいている。よーく聞いてみると、なんとまたまた『フレデリック』なのである。最初からずーっとというわけではなく、たぶんとりわけお気に入りの部分をつぶやいているのだろう。「興奮した異様な大声とつぶやきのこの落差はなんなんだろう。わからん」と言うのはお父さん。

さらに二週間後、お母さんと離れてお泊りした夜のこと。眠りにつく前には、さすがにさみしくなったらしく、「長いふわふわまくらがない」とぐずりはじめた。「おうちじゃないからまくらはないよ。お話してあげるからがまんしてよ」と言うと、「『フレデリック』がいい」とご指定。「それとビデオのえほん、ぜーんぶ」。というわけで、『フレデリック』から『スイミー』へとビデオの順番をなぞる。彼はおふとんの上をごろごろしながら聞いている。絵はほとんど見ない。時々「と

『アレクサンダとぜんまいねずみ』
レオ・レオニ／作
谷川俊太郎／訳
好学社

『夜と霧』
ヴィクトール・フランクル／著
霜山徳爾／訳
みすず書房

びこまはったん？」などと短いことばが返ってくる。まだ寝ない。おまけの『アレクサンダとぜんまいねずみ』のはじめ二ページで、ようやく寝息が聞こえはじめたのだった。

『フレデリック』は絵本だが、彼の場合絵を楽しむ読み方をしてはいない。本が手元にない時に、ふいとストーリーが飛び出してくるし、読んでいてもほとんど絵を見ない。絵を見なくても彼の中にはフレデリックのイメージができあがっていて、むしろことばのひびきやリズムを楽しんでいるように思える。

　やがてくる冬の日のために光と色と言葉を集める、ちょっとかわったのねずみフレデリック。現実のパンが尽きる時、何がほんとうに必要なのか。フランクルの『夜と霧』のメッセージにも似たこの哲学的な内容を、四歳の彼は彼なりに受け止めているようだ。それを、ある時は内側の猛《たけ》るものを静めるために、ある時は不安を安心にかえるために使っているように思える。

「な、フレデリックって、かみさまなんとちがう？　きっとそうや」

　さらに三か月もすぎた頃、なんの脈絡もなくつぶやいた。彼の中にはフレデリックがすんでいて、何かにつまずいたりした折々に、光や色やことばを贈ってくれているのかもしれない。イメージするということは、なんと奥深く不思議なものだろう。

2-13

お気に入りの本には特別な力がある

こどもにとって、お気に入りの本は、おとなが考えているよりはずっと大きな意味があるもののようだ。

六歳の耕太郎くんは、熱に浮かされながら、その頃特別お気に入りだった『ぶたのたね』を何度も読んで欲しがったと言う。

「インフルエンザにかかりました。四〇度の熱でひたすらねむり、食事もうけつけない日があったのですが、ちょっとよくなりかけたころ、枕元の『ぶたのたね』をフーフーいいつつながめていたり、「よんでよんで」と何度も何度もいいました。こんな時に本をせがむのははじめてのことで、何度もじーっと聞いてはねむっていましたが、この時ほど（月並みですが）こどもにとって本とは栄養みたいなものかなーと感じたことはありません」（柳沢裕子さん『ぶたのたね』）

高熱に苦しみながら枕元で絵本を読んでもらう。そこにお母さんがいてくれるという安心感が欲しくてせがむのだろうということはわかる。お母さんの声が子守歌のように響いて心地良いからだろうというのもわかる。それにしても、それだけならいろいろな本やお話を求めてもいいはずなのに、『ぶたのたね』ばかりというのが、なんとも不思議なところである。

『ぶたのたね』は、ぶたよりも走るのが遅いおおかみが主人公のナンセンス・スト

『ぶたのたね』
佐々木マキ／作・絵
絵本館

『フレデリック』（七四頁参照）

ーリー。ぶたよりも走るのが遅いから、おおかみはまだ一度もぶたをつかまえたことがない。相談に行ったきつね博士にぶたのたねをもらって、土に埋める。次の朝、ぶたの木にはぶたがいっぱいぶらさがっていた。ところがあくまでもおおかみには運がない。とうとう失敗してしまう。でも、「よーし今度こそ！」とめげないおおかみであった。

佐々木マキの絵は、おおかみと言えどもまあるくて、どこか読者をほっとさせる。色使いもおだやかで強く刺激してくることはない。ストーリーはといえば、主人公はどう見てもまぬけな落ちこぼれで、攻撃的なシーンもない。流れている時間は、どこかのんびりとしていて独特のリズムを持っている。こうした作品の雰囲気が高熱の彼の状態に合って心地よかったのだろうか。失敗しても失敗してもこりない、おおかみのバイタリティーに力づけられるものがあったのだろうか。

風太くんの『フレデリック』もそうだが、特別お気に入りの作品は、その子の状態が悪い時には特に呼び出される。精神的に不安定になるとそれを使って自分で自分を落ち着かせる。作品のどこにそんな力があるのかを探ろうにもこどもはことばで答えてはくれない。物語には不思議な力がある。お気に入りのそれには特別大きな力があるとでもしておくしかないか。

『学校の怪談』シリーズ
学校の怪談編集委員会／編
前嶋昭人／絵
ポプラ社

2-14

怖くて大好き、怖いけど読みたい

こどもは怖いお話が大好き。『学校の怪談』は、怖いお話の代名詞のようになって次々と映画化されているが、本で読む楽しみはまた格別のようだ。

「とても怖かったです。夜に読むといっそう怖いです。たのしみ方（怖いふんい気を出す）は、電気を消して、かい中でんとうをてらして、読みます。そうしたら、怖くなってしまってがまんができなくなります。すきな所は〝手、手、手〟のところ。怖くて大すきです！」と書いてくれたのは、五年生の乾まりちゃん。「怖くて大すき」というあたりに実感がこもっている。

怖いお話はかえって自分の居場所を確かめ、安心感に浸れるものなのかもしれない。お話は怖い。でも私のいるここは安心なところ。それが味わいたくて、こどもは怖いお話を聞きたがるのかもしれない。

小さいこどもの場合、大好きな人が読んでくれるから、お話だとわかっているから「怖いけど、怖くない」。これもやっぱり守られている安心感を再確認する作業のような気がする。

けれど、安心なお話の世界だと思っていたら、それが自分の現実になった。そんな時のこどもはとたんに真顔になる。

『たべられたやまんば』を何度も何度もお話してもらっていた四歳のちーちゃん

『たべられたやまんば』
松谷みよ子／文
梶山俊夫／絵
講談社（絶版）

『原爆の絵 HIROSHIMA』
童心社

に、ある日おふろの中で、お母さんがこう言った。「な、お母さんは、ほんとうはやまんばなんやで」。ちーちゃんの顔からはさーっと血の気が引いてしまった。「ちがうやろ、お母さん、やまんばとちがうやろ？」もう泣き声になっている。そんな怖いことがあるはずがないと、お母さんにしっかり言ってもらいたい。なんどもなんども懇願するちーちゃんにヒトの悪いお母さんは、追いうちをかける。「かまへんやん。お母さんがやまんばやったら、ちーちゃんもやまんばやんか」「いやや。お母さん、やまんばとちがうやろ？」

ちーちゃんのあまりに真剣な顔に、さすがのお母さんもとうとう「ちがうよ。やまんばやないよ」と言わないわけにはいかなかった。このヒトの悪い母は実は私。一度修羅場をくぐり抜けたので、こんどはもっと安心したのだろう。ちーちゃんはそれからも、『たべられたやまんば』を何度も読んでもらったり、お話してもらったりしたものである。

でも彼女にとって、ほんとうに怖かったのは、お話ではなく『原爆の絵 HIROSHIMA』という画集だった。被爆した市民たちが描いた生々しい絵の表紙がちらと目に入っただけで、彼女は絶対にそこには近づこうとしなかった。現実の怖さは、物語の怖さの比ではないことがわかっていたからなのかどうか。

2-15

怖いお話を楽しんで怖さを乗り越える

『三びきのやぎのがらがらどん』
マーシャ・ブラウン／絵
瀬田貞二／訳
福音館書店

怖いお話の醍醐味は、お話の中に入り込んで怖さを体験して、それを乗り越える快感を味わうところにもあるのではないかと私は思っている。

北欧の民話『三びきのやぎのがらがらどん』は、一九六五年にもう邦訳出版されている。やぎが草場へのぼる途中の谷川にはトロルが住んでいて、「だれだー、おれのはしをがたごとさせるのはー」とやぎたちに迫る。やぎたちは知恵を働かせてトロルをかわし、最後に大きいやぎがやっつける。怖さを体験、それを乗り越えてめでたしめでたしという筋運びは昔話の典型といえる。

一乗寺保育園のある日のひとこま。どん！　とドアがなっただけで飛び上がって抱きつきにくるような怖がり屋さんの耕平くんは、もちろんこの絵本が怖い。

「耕平くんが、牛乳パックで作った「バイク」にまたがって「だれだ、おれのはしをがたごとさせるのは」と叫んでいる。へぇーと聞いてると、また「だれだ、おれの……」と繰り返した。それを聞いていた奈央ちゃん。「なおちゃん、がらがらどんになる」と耕平くんにお伺いをたてる。「うん、いいよー」と耕ちゃん。「ハハハー」と笑い声をひびかせて彼らは「バイク」を足でこいで、ベランダに消えていった」（荒堀育子さん）

怖がりの耕平くんも、ひとまず〝がらがらどん〟を演じられるところまでになっ

『だるまちゃんとかみなりちゃん』
加古里子／文・絵
福音館書店

た。その後ろ姿にはどこか自信のようなものさえ見える。お話の中で、得体の知れない怖さを克服する。そこに自分を重ねているのだろう。だから、怖いけど大好きという気持ちになるのがわかる気がする。

　大きな雷の音がよほど怖かったのか、智くんがしきりと「カミナリタン、カミナリタン」と言う。そこでおばあちゃんが『だるまちゃんとかみなりちゃん』を持ってきた。だるまちゃんが外に遊びにいこうとしたら雨がふってきて、ぴかぴか、どしんとかみなりちゃんが落ちてくる。捜しにきたお父さんのかみなりどんといっしょにだるまちゃんも雲の上のかみなりの国へ遊びに行くお話。

　ひととおり読んでもらった智くんは、こんどは自分で、かみなりちゃんがどしんと落ちるページを開く。かみなりちゃんの目がうずまきになっているのを「ほア、かみなりタん　めがまわってる」と指さしている。「ほんとう！　目がまわってる。よく見つけたねぇ」と返してもらった智くんは大得意で、「めが　まわってる！」となんども繰り返す。なんといっても自分で見つけたんだもの。怖かった雷は、絵本のおかげで少しだけ友だちの〝カミナリタン〟になった。

　怖いなと思っていることをお話の世界に置き換える。そのお話は、いつも大好きな誰かがこどもの側にいて話してくれるので、安心して乗り越える快感を味わうことができる。だから、こどもは怖いお話が好きなのかもしれない。

『子どもの文化人類学』
原ひろ子／著
晶文社

2-16

こどもは笑いを運んでくる

原ひろ子さんが『子どもの文化人類学』で紹介しているヘヤー・インディアンは「こどもは笑いを運んでくる」というこども観をもっている。このこども観に、私はいたく共感している。私にもこんな経験があった。

まだ小学校の二年生だった娘の参観日。国語の授業は『おじさんのかさ』だった。『おじさんのかさ』は、ハイセンスなユーモアがいっぱい詰まった作品である。黒いぴかぴかのカサを愛してやまないおじさんは、カサを愛するあまり、雨の日にはけっしてカサを開かない。ところがある日、「あめが　ふったら　ぴっちゃんちゃん　あめが　ふったら　ぽんぽろろん……」こどもたちの歌声につられてカサをさしてしまう。雨がふっているのに、という展開である。

先生は、ひとわたり作品を読んで、手づくりのペープサートをひとりで演じたあと、こどもたちに質問をした。「さあ、おじさんはなぜカサをささなかったのでしょう」。こどもたちがどう答えたのか忘れたが、とにかく娘はその時手をあげて答えることができなかった。

「お母さん、わかったで!」その日の放課後、ランドセルを揺らしながら息せき切って帰ってきた娘は、開口一番こう言った。そして、「おじさんがなんでカサをささへんかったんかわかったで!　教えてあげようか」「へえ、なんで?」「教え

『おじさんのかさ』
佐野洋子／作・絵
講談社

てあげようか。あのな、あのな、あのカサな、日ガサやったんや」

得意げな彼女の顔を見ながら、私はふき出してしまった。どうして笑われているのかわからない彼女はけげんな顔をして、「だってな、アマガサって書いてないよ」と言う。大急ぎで『おじさんのかさ』を最後までていねいに読み直したが、確かにアマガサとは書いてない。全部〝かさ〟になっている。なるほど。

おじさんがカサをささなかった理由。だいじなものをだいじにとっておく。かつて卵焼きが大ごちそうだった頃、ごはんの最後の最後まで残しておいたような。そんな心理をことばでちゃんと説明するのは、二年生には難しすぎた。家でもあんなに何回も読んでいたのに、どうしてわからないんだろう。なんべんも読み返しているうちに、ふと彼女は気がついた。「あ、アマガサって書いてない！　そうか。日ガサだったんだ。だから、おじさんは雨の日にカサをささなかった。わかったぞ！」というわけで、息せき切って帰ってきたのである。

彼女に、あのおもしろさがわからなかったわけではないと思う。先生の問いに、明確に答えようとあらんかぎりの知恵を絞ったその結果、たどり着いたのが日ガサだったのだ。おとなには思いもよらない目のつけどころ。まったくこどもはおもしろい。

2-17

時間とともに読み方は変化する

ノートルダム学院小学校では、卒業の時には、お世話になった先生一人ひとりにお礼の手紙を書くのを慣例にしている。松田先生が、そんな中から「ちょっとすごいですよ。読んでください」とこの一通を見せてくださった。

「松田先生へ
先生には一年生の時に受け持っていただきました。

外国から帰ってきたばかりで日本の小学校の事を知らなかった私に細かい事まで教えてくださり、感謝しています。九月に転入してきた時「小さなねこ」という所を習ったことをなぜか、はっきりと覚えています。そして、ひらがなもうまく書けなかった私がもう卒業することになりました。

また、先生がよく読んでくださった『ちいさいモモちゃん』シリーズは六冊ありますが、全部そろえてあります。初めに読んでくださった時、すっかり気に入ってしまったからです。低学年のころは「動物やくつしたが話せる楽しいお話」としか思っていなかったのが、今では作品の中にこめられた作者の思いが感じられる、感動的なお話になっています。(略)本当にありがとうございました。

真美より」


時間とともに読み方が変わるという事実を、真美ちゃんは、自分のことばでし

『ちいさいモモちゃん』シリーズ
松谷みよ子／作
菊池貞雄／絵
講談社

っかりと伝えてくれる。先生に読んでもらった低学年のころは「動物やくつしたが話せる楽しいお話」としか思っていなかった作品が、高学年になって読みかえしてみると、「作者の思いが感じられる感動的なお話になっている」ことに気づいた驚きが、率直につづられている。先生は、彼女がそのことに気づいたことに驚かされ、こどもの本質把握力に目を見張った。そして、そのことを誰かに話さずにはいられなかった。

真美ちゃんが読み返してみようと思ったのは、偶然ではないと思う。楽しいお話の底に何か感じるものがあったから、もう一度手に取った。そして自分自身の読み方が変化していることに気づくことにもなったのだ。

このモモちゃんのお話、正確には「モモちゃんとアカネちゃんの本」というシリーズで、全六巻の作品である。ストーリーは、モモちゃんの成長に沿って展開する。保育園に行くようになり、妹のアカネちゃんが生まれ、父と母の間の不協和音におびえ、父との別れを知る。真美ちゃんの言うとおり、「動物やくつしたが話せる楽しいお話」の底には、家族とは何か、おとなとこどもの関わり方は……といったテーマが流れていて、死も登場する。三巻目では離婚が背景になっていて、発表された当時は、幼年童話にシビアなテーマを持ち込んだと注目を浴びた。一巻目『ちいさいモモちゃん』の初版は一九六四年で、以来読みつがれ続ける日本児童文学の古典となっている。

2-18

こどもの好きな本とおとな世代がすすめる本

『バトル・ロワイヤル』
高見広春／著
太田出版

こどもの好きな本とおとな世代がすすめる本の間には、たいていの場合ギャップがある。おとなのすすめる本のリストには、健全で安心で問題のない作品が並んでいる。こどもが見つけてくる作品には、しばしば既存の価値観では受け入れ難いものも混じっている。

「読みはじめて、超おもしろくて、三日くらいで読みきりました。それが今回、映画になるなんて。かなり殺し合いが怖くて、夢にまで出てきたけど、すごくキャラクター一人ひとりが生き生きしてて良かった。友情や裏切りなんかがリアルで、〝本当の友情って何なんだ〟とか考えたりしました。今回の映画でも、国会で問題になってるみたいだけど、〝殺し〟とかよりも、もっと〝人間関係〟について見てほしいと思う。そうすれば、この本の良さがわかると思います」（常盤絵里さん『バトル・ロワイヤル』）

この本は、たぶんおとなのすすめる本のリストには上がってこない。一六歳の感性だからとらえられるという要素が強いように思える。そこのところが私には刺激的で、おもしろく感じられる。それは、もちろん個人の感性によるものなので、一般化はできないけれど、その時々のその年代のこどもが求めるものの一端に触れる大切な機会になっている。彼女は、小学生の頃からずっと、おもしろかった本があると感想を書いて送ってくれている。彼女に限らず、こどもがおもしろかったと書いてくれた作品には、できるだけ目を通すようにしている。すると、なるほどと思い至るところが必ずある。

ギャップを嘆くおとなはたいていの場合、こどもに対する思い入れが強すぎる。自分の思いの方にこどもを引き寄せようとするあまり、どうして読もうとしないのだろうと嘆くことになる。引き寄せようとさえしなければ、親世代の選択はこども世代へのメッセージとして、もちろん意味がある。

ここでどちらも一歩譲って、互いの選ぶ本の隔たりを世代の感性の違いと捉え直したなら、それは異なる世代からの信頼の置ける新しい情報になる。それを活用しない手はないだろう。互いに尊重しあう関係にあれば、おとなにとっては、こどものセレクトは、若い感性が受け止めている時代の風を感じるいい機会になる。おとなが発信する本の情報もまた、こどもには新鮮な情報として映る。本に対する見方を通して、互いを理解しあう機会になると考えることができるのではないだろうか。

おとなの発信に比べると、まだまだこどもの側の声が届けられる機会は少ない。こどもが自分の好きな本を紹介しあうプログラムや、学校図書館に置く本をこどもが選ぶ試みには大いに期待したい。

『モモ』
ミヒャエル・エンデ／著
大島かおり／訳
岩波書店

2-19

こどもは本を通して広い世界の誰かと出会う

絵本、読み物、まんがと表現のスタイルは違っていても、自分で本を読みはじめたら、こどもは身近なおとなの介添えなしで、広い世界の誰かと出会うことになる。ベッテルハイムが言う「読んでもらう」ことで受ける、安心と励ましに満ちた世界から、外の世界へと足を踏み出すことになる。

「モモは人の話をよくきくというのう力をもっていた。そしてそののう力で時間どろぼうをやっつけたのだ。カシオペイアがどこに行くかを教えてくれる。べんりなカメさんだなぁ。私もそんなカメさんがほしい。モモとカシオペイアのおかげで、みんなに時間をわたせた。そして時間の大切さを私におしえてくれた。ジム・ボタンやネバー・エンディング・ストーリーを書いたエンデさんがなくなったのは、とても残念でした」（常盤絵里ちゃん『モモ』）と書いてくれたのは、彼女が十一歳の時。作者をまるで知り合いのように、親しみを込めて〝エンデさん〟と呼ぶ。『モモ』などの本を通して、エンデと対話してきたからなのだ。

「私はミルキー杉山と事件を解決しています。学校の図書クイズでミルキー杉山の絵を書いたりもしました」（園城麻央ちゃん『もしかしたら名探偵』）

一〇歳の麻央ちゃんは、本の主人公とすっかり友だちで、いっしょに〝事件を解決〟するほどの仲である。目の前にはいない人、そこにはない世界も、本を読んだ

『もしかしたら名探偵』
杉山亮／作
中川大輔／絵
偕成社

『シートン動物記』第四巻
アーネスト・シートン／著
前田三恵子／訳
金の星社

彼女の頭の中では現実になる。ミルキー杉山の発想は、目の前の生身の友だちや先生とはまったく違っていておもしろい。彼女の友だちの層は本の主人公たちを取り込んでどんどん厚くなる。

「この本には、どうぶつのいろいろなところがかいてあります。キツネの親子が出てきて、おやが子にえさのとりかたや、てきからおそわれずに自分を自分でまもるといういろいろなちえも。わたしはすごいと思いました。またこどもが死んで、キツネのお母さんがかなしんでいる。かわいそうだ……とかいろんなことを思いました」（山田なみえちゃん『シートン動物記』）

なみえちゃんは、作者シートンを通して、キツネの生き方に思いを寄せる。キツネの生きる知恵、こどもの死を受け入れざるを得ない厳しい現実と、母ギツネが持つであろう感情を理解しようとする。一〇歳の読者は、性も国籍も違う、時間も空間も超えた作者と深く響きあう。

こんなふうに、本という媒体を使って、本音のところで響きあう世界に出会えるこどもたちには、共通する条件がひとつあるように思える。まわりのおとなたちが、こども自身が選んで読む作品を肯定していることである。こどもたちの素直な感想の後ろには、広い世界に自分の目で関わりはじめたこどもをそっと見守る温かい視線が感じられる。

『かしこいポリーとまぬけなおおかみ』
キャサリン・ストー／作
佐藤涼子／訳
若菜珪／絵
金の星社

2-20

こどもは同じ本をなんべんも読みたがる

　末娘が小学校の四年の時、読書感想ノートというのがあった。なぜか当時は見逃していて、彼女が大学生になった頃、なにかの拍子にふと目についた。

　それは、読んだ本のあれこれを真ん中にしたこどもと先生の交換日記のような性質のもので、読んだ本のタイトルと三行ほどの感想が書かれていた。そこには、同じタイトルが繰り返し登場する。

「『かしこいポリーとまぬけなオオカミ』おおかみはくいしんぼうだな。まぬけのくせにしっかり食べるんだな。ポリーにうまくにげられて、今どうしているんだろう。おもしろいな」

先生「だれだって、食べることには一生けんめい！」

「『かしこいポリーとまぬけなオオカミ』おおかみはまぬけだな。何回もしっぱいして。わたしだったらすぐにポリーをパクッとたべてしまうのにな」

先生「いくらおおかみでもできなかったんだね」

　一番多かったタイトルは、この『かしこいポリーとまぬけなおおかみ』で、数えてみると一年の間に八回もあがっている。娘がこの作品を気に入っていることは知っていたが、こんなに何度も書いていることは知らなかった。よくよくノートを眺めてみると、先生の短いコメントがすばらしい。こどもが同じ本を何度も

『子どものとき、この本と出会った』
鳥越信／編
童心社

読むことを否定したり、方向転換させようなどとは少しもしていない。

『かしこいポリーとまぬけなオオカミ』は、ポリーがオオカミに今にも食べられそうになるという危機が何度も訪れ、それを知恵と機知でのりきる話。娘はポリーに自分を投影して、自らをはげましていたのだろうか。どう見ても弱い存在の女の子が、強いオオカミをやっつけるのを痛快に感じて、ストレスを発散していたのだろうか。どんな思いだったのか、素朴なノートだけでは見えてこないが、事実として、彼女には何度も何度も同じ本を読む必要があった。

なぜこどもは同じ本を何度も読みたがるのか。まずは、よく知っている物語に安心感を求めているのではないかと考えられる。もうわかっている筋立ての中に自分を置いて、わかっている結果を導き出す。そのことを確認して安心感に浸るのではないだろうか。もうひとつ考えられるのは、同じ本を読んではいるが、読むたびに少しずつ新しい読み方をしていると思われる。こどもは、つい一週間前にはうまくできなかったことが、劇的にできるようになったりする。それほど短いスパンで変化しているのだから、読み方も変化して当然といえば当然といえるだろう。

歌人の俵万智さんは、それはぜいたくな読み方だと言う。「（略）『この本がおもしろいということは既に知っている。だからもう一度読もう』――そう発想できるのが、子ども時代の読書だった」と。（『子どものとき、この本と出会った』）

第三章　もりおとさんたの読書日記

ヘヤー・インディアンは、子どもがまわりにいて、日に日に成長し、意外なことをしでかして、おとなをびっくりさせたり、笑いにさそいこむことを、この上なく貴重なことと考えています。

原ひろ子著
『子どもの文化人類学』より
晶文社

もりおくんとさんたくん

きりん館が出しているこどもの本の月刊情報紙『よもよもつうしん』は、こどもが本と出会う時の具体的なエピソードを中心にしている。そのうちのひと枠に、ひとりのこどもの本との関わりを連続して書いてもらおうと考えた。そこで、ぴかぴかの新米父ちゃんだった友人の森川篤さんに頼んでみると、「見たままを書くだけでいいんやったら」と、連載してくれることになった。これが「さんたの読書日記」である。

ここに、何回か読者はがきを送ってくれていた熊谷真理子さんの「もりおの読書日記」が加わり、岡野美佳さんの三兄弟「おかのさんちの読書ノート」が加わりして現在に至っている。スタイルの似ている「もりおくん」と「さんたくん」のものはこの章にまとめ、岡野さんの部分は他の章で引用させていただいた。

ふだんの暮らしの中に息づくこどもと本との自然な姿を、そのままにたっぷりと味わっていただきたい。

●もりおくん

熊谷森生くん。一九九五年七月生まれ。

好物はコロッケとおにぎり。電車が大好きな男の子。

マイペースののんびりやさんで、帽子には彼なりのこだわりがある。買いに行く時は必ずいっしょについて来て、自分で選んで、さらに気に入ったものだけを被っているようだ。

保育園に通っている。

「もりおの読書日記」執筆　熊谷真理子さん

●さんたくん

森川陽太くん。一九九三年生まれ。

お米が大好きで、朝からお茶漬け派。

絵を書くこと、何かを作ることが好きなので、家は〝さんた工房〟状態になっている。熱中すると怖いほど突き進んで、とにかく仕上げるところまでいくのがすごい。

いつのまにか小学生になっている。

「さんたの読書日記」執筆　森川篤さん

もりおの読書日記

もりお〔二歳三か月〕

『ろくべえまってろよ』

なつかしいなあ。お母ちゃんが小学一年生（二年生かも？）の時、教科書に載っていて、大好きだったお話なので、もりおも気に入ってくれて嬉しいな。

犬好きのもりおとしては、表紙のろくべえに心ひかれるものがあったのかしら。やっぱりろくべえが登場するページでは「ワンワン」「ろくべえやで」「ワンワンやなー」とお母ちゃんの言っていることを無視しつつも報告してくれています。そしてクッキーが登場するとワンワンが増えたものだから、もう嬉しい嬉しいもりおなのでありました。


『ろくべえまってろよ』　灰谷健次郎／作　長新太／絵　文研出版

『どうぶつはやくちあいうえお』

手のひらサイズの本なので、ひとりでもらくらく読め、気に入っている様です。お父ちゃんは「はやくち」って書いてあるもんだからと、はじめめちゃくちゃ早口に読んでいましたが、もりおはその早口読みも好きでした。

いろんな動物が登場して、しかも知っているのが結構あるものだから、ページ

『どうぶつはやくちあいうえお』〈六〇頁参照〉

をめくるやいなや指をさして「ブーブー（ブタ）」、「ジョーシャン（ぞうさん）」などと教えてくれます。いちばん好きなのは「れこーど　ねこねころんで　よろこんできく」。ん？　よーく見ればなるほど、お父ちゃんによく似てるわあ。

『大阪・京都・神戸の電車・バス100点』

これもまた夏休みのこと。東京まで行くために夜行列車に乗ってから、もりおの電車好きに火がつきました。

今では寝ても覚めても「デンチャ、デンチャ」、寝言でも「ガターン、ゴトーン」という始末。お父ちゃんもお母ちゃんも最近のお休みの日は電車ばかり見に行ってる気がするなー。

やかまし村（近所の文庫）で借りたこの本は、たくさん持っている電車の本の中でも一番のお気に入り。保育園にも持って行ってしまうので、お母ちゃんがしまっておくと「ガタンゴトンナイナー、ドコイッター」と必死で探します。やかまし村でお願いして、もう二週間延長貸し出ししてもらったけれど、今度はもう返さないとだめなのよ。それまでに手に入れないと、大変なことになるのではないかとあせっているお母ちゃんです。

『大阪・京都・神戸の電車・バス100点』（雑誌）
講談社

もりおの読書日記

『おやすみなさいコッコさん』

　夏休みに旅行に行った時、夜興奮して眠れなくなったもりおにこのお話を思い出しながら話して聞かせると（本は持って行ってなかったのです）、なんとまぁ暗示にかかったようにすーっと寝てくれたのです。それ以来寝る時に欠かせないお話になりました。

　寝る直前、部屋を暗くして、お母ちゃんと手をつないで話してもらうのが好きなので、本を見ながら読むことができないお母ちゃんはすっかり暗記して話します。昼間ちゃんと絵を見ながら読んでいた時のことをもりおは覚えていて、次は誰が眠ったのか時々忘れるお母ちゃんに（話す方も眠いのです）教えてくれたりもします。

『おやすみなさいコッコさん』
片山健／文・絵
福音館書店

『おばけがぞろぞろ』

　お父ちゃんが寝る前に「ふっふっふっふっふ」とお化けのマネをするのが怖くて、朝起きたときにまで「バケコワイノ」と言っていたもりおですが、最近は少し強気でお父ちゃんがおばけのマネをしても、「コワナイモン」と自分を奮い立たせるように言っているのがなかなか健気《けなげ》です。

『おばけがぞろぞろ』
佐々木マキ／作
福音館書店

この本のおばけは最初からそんなに怖くないのだけど、はじめのページの、おばけがでてくる時、隣にある木に手のようなものがついているのが気になり「オテテ、オテテ」といっているので、もりおにとっては少し怖いのかな？

「あそびましょ」というのと、最近保育園で覚えてきた「もーいーかい」「まーだだよ」というのがごっちゃになってしまいます。新しいおばけがでてくる前のページになると、お母ちゃんと一緒に「あそびましょ」と言った後、「モーイーカイ」と言ってしまうのです。


『いたずらきかんしゃちゅうちゅう』


ながーいお話なので読むほうは疲れちゃうのですが、もりおは大好きなので「チュウチュウオンデ（よんで）」とすぐ持ってきます。

読み始めるとすぐのってきて、からだが前のめりになります。そして一緒に「ピィィィィ」とか「カンカン、カンカン」とか「シュウ、シュッシュッ」といってくれるので、今ではもりおのほうがお母ちゃんより真に迫っていい感じじゃなぁ。お話が進むにつれてどんどん入り込んで、みんなが「あっちだ！」という時は思わずもりおも大声で「アッチダ！」。お母ちゃんとしても熱を入れて読まないわけにはいきません。

そして、やっと読み終えると「モッカイヤー（もういっかい）」。このテンショ

『いたずらきかんしゃちゅうちゅう』（六二頁参照）

ンを維持したまま二回目に突入しなければならないので大変です。

もりおの読書日記

『カボチャありがとう』

木葉井悦子／作
架空社

かたつむりの歌を保育園で習ってきたので、さっそくかたつむりの載っているこの本を本棚から引っぱり出してきました。そして絵の中にかたつむりを見つけると必ず「デーンデンムーシムシカータツムリー」と一コーラスうたいます。ところがこのお話は、かたつむりは一番最初に登場してずーっとどこかにいるのです。だから、見つける度にお話を中断して「でーんでんむーしむし」とやらなければなりません。

うたわなければ「カアチャンモッ」とか「トオチャンモッ」と注意が入ってしまいます。

『いえでだブヒブヒ』

（六六頁参照）

お母ちゃんの趣味で買った本ですが、いつのまにかもりおのお気に入りです。三匹のこぶたくんがお母さんに怒られるところでは、もりおも自分の事と重ねて見ているかしら？（だって、このお母さんが怒っている顔、やっぱりお母ちゃん

が怒っている顔に似ているよね）
ほかの絵本を読んでいる時とちがってこの本を読んでいる時は、たまに「ウシャギ」とか「ワニ」とかいうくらいでわりとおとなしく聞いています。だけど最後の「あ、おかあさんだー」というところで、もりおもポツリとちいさい声で「カアチャンヤー」。やっぱり自分と重ねているのかな？

もりお〔二歳九か月〕

『コッコさんのともだち』

コッコさんのシリーズが大好きなもりおです。この本は、もりおも大好きな保育園のお話。だからよく持ってきます。不思議なことに出てくる先生はもりおのクラスの先生にそっくり。

お医者さんごっこの男の子は……「あっ！　あきちゃんや！」これもお友だちによく似ているのです。そして、そして、もりおには「アミちゃん」というお友だちもいて、読む度に「アミちゃんやな」と確認しています。うーん、もうこの本、「もーちゃんのともだち」という名前にしよっか？

『コッコさんのともだち』
片山健／文・絵
福音館書店

もりおの読書日記

『だーれもいないだーれもいない』
片山健／文・絵
福音館書店

『ちいさいしょうぼうじどうしゃ』
ロイス・レンスキー／文・画
渡辺茂男／訳
福音館書店

『だーれもいないだーれもいない』

またまたコッコさん。もりおはこの本を読んでもらっているとき「コッコさんひとりやな」とつぶやいています。

あるとき保育園から帰ってきて玄関の戸を開けると、くらーい部屋のなかをのぞき、「だーれもいないねー、かーちゃーん」となかなか中に入りません。「ほんとうやな、だーれもいないね」と答えると、「うん。だーれもいないねー」。だーれもいなくて淋しかったコッコちゃんの気持ち、もりおもわかったのかな?

『ちいさいしょうぼうじどうしゃ』

お布団を敷くときお父ちゃんがどさっと積み上げておくと、すかさずやってきて「よいしょ、よいしょ」山登りです。てっぺんまで着くと「かーちゃん、みてー、たかいよー」。「すごいなー、こわないかー?」ときくと、「こわいー、たっけてー（助けて）しゅもーるしゃーん！」スモールさんは、もちろんお父ちゃんです。

「そこにいるのよ、スモールさんが助けにいきますからね」。お父ちゃんは一人二役をしながらもりおの救出に向かいます。

『おだんごぱん』
ロシア民話
瀬田貞二／訳
脇田和／画
福音館書店

『しゅっぱつしんこう』
山本忠敬／文・絵
福音館書店

『おだんごぱん』

お母ちゃんのお友だちが、おだんごぱんのぬいぐるみを二つ作ってくれました。もりおは一目で気に入り、さっそく「よんでー」と、おだんごぱんの本をもってきます。

おだんごぱんが窓からころんところがり、椅子からころんところがり、床からころころところがると、「もーちゃんもちるのー（するのー）」とさっきもらったおだんごさんを取ってきて、ころころーっところがしました。

すると、本当に本の中のおだんごぱんのようにとってもよくころがって、戸口も廊下もころがって、おもての通りにころがっていきました！　きつねに食べられてしまうとあわてたもりおは、その夜右側と左側におだんごさんのぬいぐるみを置いて眠りました。

もりお〔三歳〕

『しゅっぱつしんこう！』

相変わらず電車好きのもりお。この本は、おばあちゃんが買ってきてくれました。

もりおの読書日記

袋から出したとたん「わぁぁぁ、でんちゃやぁ!」と走りよってきました。二、三回読むとすっかり覚えてしまって、今度は一人で座り込んでにやにやとページをめくり、ブツブツ読んでいるつもりです。と思いきや横でこっそり聞いているとなんの、なんの。本当にちゃんと覚えていて「おかあちゃんとみよちゃんは、おおきなえきからとっきゅうれっちゃにのりこみました。とっきゅうれっちゃ、しゅっぱつしんこう!」などと言っているではありませんか!

お父ちゃん、お母ちゃんはすっかり感心、「おそれいりました」……。

『たのしいふゆごもり』

よく覚えているといえばこの本も。

すっかり時期はずれですが、もりおはそんなことはかまわないようで、これもほぼ毎日読んでいます。あるとき、お母ちゃんが自分がお腹が減っているのをいいことに、夕食を作りすぎたことがありました。

「ごはんよー」と呼ばれてやってきたもりおは自分の椅子によじ登りながら「いたっきまーす! わぁテーブルがいっぱいだねー、かあちゃん。かえるくんもごはんかな」

『たのしいふゆごもり』
片山令子／作
片山健／絵
福音館書店

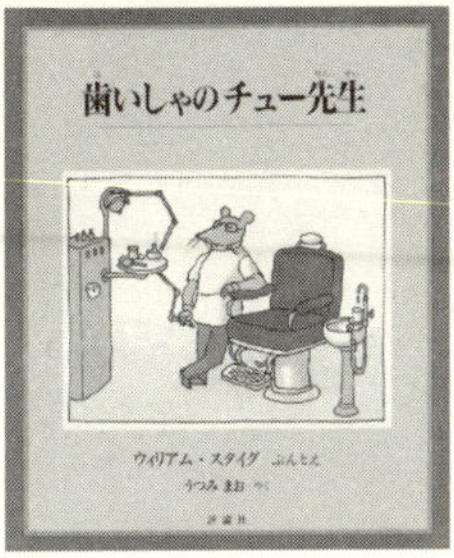

『歯いしゃのチュー先生』
ウイリアム・スタング／文・絵
うつみまお／訳
評論社

そしてまたあるとき、お母ちゃんはあじを焼いていました。もりおは、たったったーっとやってきて「もーちゃんな、おさかなこげないようにばんちるのよ(するのよ)。やけたかなあ、あーいいにおい、おかあちゃんやけたかちょっとかじってもいーい？」。

お母ちゃんはもちろん、「だーめ、まだよ」。

『歯いしゃのチュー先生』

保育園で歯科検診がありました。もりおは検診の日にお休みしていたので後日先生と手をつないで直接歯医者さんへいったそうです。

その日おむかえにいくと真っ先に飛んできて「もーちゃんな、あーんちたのよ。なかなかったのよ」と得意そうです。タイミングよくこの本を借りてきていたお母ちゃんはさっそく読んでやりました。

きつねが泣きながら口を開けているところを見ると、また「もーちゃんなかなかったな」。でも、泣いているきつねもちょっとかわいそう。

「虫歯痛そうやな」というと「うん」とうなずいています。もりおもめざせ！虫歯ゼロ！

もりおの読書日記

『ぞうのエルマー』『またまたぞうのエルマー』

お母ちゃんが結婚式で東京に行って、おみやげにぞうのエルマーのぬいぐるみを買ってきました。もりおはとっても嬉しくて、すっかりお友だちです。必ず、「かあちゃん、これぞうのエルマか?」と、「ぞうの」をつけるのでおかしいです。

ぞうのエルマーでは、ぞういろになったエルマーが、おかしくて「フォォォォォ」と笑うところが好きらしく、「ひゃひゃひゃひゃひゃ、もーちゃんもぶぉぉぉぉぉ」などと、首をふってさけんでいます。

『またまたぞうのエルマー』では、みんながエルマーいろのぞうになってしまうので「エルマがいっぱいいやな、もーちゃんのぞうのエルマといっしょやな」と感激しているのです。

『ぞうのエルマー』
『またまたぞうのエルマー』
ディビット・マッキー／文・絵
安西徹雄／訳
アリス館

もりお〈三歳四か月〉

『スカーリーおじさんのはたらく人たち』

相変わらず電車好きのもりおですが、久しぶりに電車以外で気に入った本。も

『スカーリーおじさんの
はたらく人たち』
リチャード・スカーリー／作
稲垣達朗／訳
評論社

『歯いしゃのチュー先生』
（一〇七参照）

うかれこれ四週間、毎晩寝る前に読む本になっています。とは言ってもやっぱりこの本も乗り物がたくさん登場するので気に入った様子。ページをめくる度に気に入った乗り物を見つけては、「あっ、もーちゃんこれのりたいのよー」と叫んでいます。

そしてブタのフランブルさんも大好き！　お母ちゃんが「フラーンブルさーん」と言っただけで「ひゃひゃひゃひゃひゃ」と大爆笑。それなら、と、お父ちゃんもお母ちゃんも、フランブルさんのところを読む時は力が入ります。

ところがもりおはそれで大興奮してしまって、寝るどころかかえって目が覚めてしまうのです。シマッタ！

『歯いしゃのチュー先生』その2

はみがきがあんまり好きではなかったもりおですが、最近はどういうわけか「ヒッヒッヒー（わが家でははみがきのことをこう言います。「シュッシュッシュー」といえないもりおが「ヒッヒッヒー」と言ったからです）しておいで」と言うと、「はーい！」と元気な返事。

でもお母ちゃんがついていくと、「おかあちゃんはきたらあかんのっ！　もーちゃんひとりでするから」と帰されてしまいます。そしてしばらく待っていると、「ちゅーせんせー、きれいになりましたよー」の声。チュー先生とはつまりお母ち

もりおの読書日記

『てがみをください』
山下明生／作
村上勉／絵
文研出版

ゃんのことです。チュー先生はなるべく歯医者の威厳をもって、「はいもりおくん、あーんしてください」。

するともりおも「はい、わかりました！」といいお返事。

シュッシュッシュッシューと磨いてやると「ちゅーせんせー、じょうずですねー」のお言葉。どうもおそれいります。

『てがみをください』

お父ちゃんが選んでくれました。

もりおには大親友のかえるのぬいぐるみカエちゃんがいます。そのカエちゃんにちょっと似た（いや、それよりお母ちゃんにはこのかえる、お父ちゃんにそっくり！　と思いますが）かえるくんが主人公のこの絵本は、見るなり「カエちゃんやなー！」と嬉しそうです。

毎日保育園から帰ってくるとお母ちゃんがポストを開けます。中に届いている手紙を取り出していても、とくに注目していなかったもりおが、あるとき「もーちゃんにもてなみ（てがみ）きてるかあ？」と聞いてきました。「もーちゃんもお手紙ほしいか？」と聞くと「ほしい！」。そうかそうかと一枚わたしてやるとても嬉しそうです。

「てがみをくださいのかえるくんにも手紙きたかなー」と聞くと、「きたよ、きっと」と言っています。「きっと」というのはこのところのもりおのとくいわざです。

もりお〈三歳六か月〉

電車好きにますます磨きがかかる〃電車博士〃。

保育園では好きな女の子がいて「けっこんすんの」だそうです。


『ふたりはともだち』『ふたりはいっしょ』『ふたりはきょうも』


依然としてかえるブームのわが家。そろそろこれを……と読んでやると、いっぺんに大のお気に入りになり、おやすみ前のひとときはがまくんとかえるくんにおまかせになりました。

最近自転車のいすを後ろへ付け替えたもりおは、自分がちょっとお兄ちゃんになったようでご自慢なのですが、『ふたりはいっしょ』の表紙でがまくんとかえるくんが自転車に乗っているのを見て「あっ、もーちゃんの（じてんしゃ）といっしょやな！　もーちゃんはがまくんや、おかあちゃんはかえるくんやな」。うん、

『ふたりはともだち』
『ふたりはいっしょ』
『ふたりはきょうも』
アーノルド・ローベル／作
三木卓／訳
文化出版局

もりおの読書日記

たしかに性格的にももりおはがまくんでしょう……。

あるとき、お父ちゃんと大文字山に登る約束をしていることを唐突に思い出したもりおは「もーちゃんな、お父ちゃんとおやまいくの。がまくんはな、おやまでへびにあわはってんで。〃こわくないやい〃いわはってん」。

母「おっ、そうやったな、もーちゃんもお山に行ったらへびにあうかな?」

もりお「うん、そーしたらもーちゃん〃こわくないやい〃いうねん、お父ちゃんと」。

おーそうか、それは勇ましいな。

でも本当は、このお話『こわくないやい』を読んでもらっているときのもりおはお布団の中にすっぽりともぐりこんで、おっかなびっくりというありさまなのです。

『ねずみのでんしゃ』
山下明生／作
いわむらかずお／絵
ひさかたチャイルド

『ねずみのでんしゃ』

「でんしゃ」というだけで気に入ったこの本。もりおはお母ちゃんが「ねずみのでんしゃ」と言うだけで嬉しくて、「うほほほ!」と笑います。

七つ子のねずみがベッドでパジャマに着替えているところで、間違えてズボンを頭からかぶっている子がいるのにいちはやく気付いたもりお。「あっ、このひとまちがえたはるわ」。七つ子たちが口々に「ちゅうがっこうなんていや！」というところでは「（いや、いや、いや、というのが）もーちゃんみたい」と自己分析です。

そしてやっぱりこの本もへびにあうトンネルのところが怖くて、両手で顔を押さえて、すこーしだけ見るのです。

『サンタのおもちゃこうじょう』
たむらしげる／作
メディアファクトリー

『サンタのおもちゃこうじょう』

去年のクリスマス。すこーしサンタさんがどういう人なのかがわかってきたもりおは「プレゼント何が欲しいかお願いしといでや」とお母ちゃんに言われても「ゆきがふってからにするわ」（お母ちゃんにはなんのことやら？）などと照れてなかなかお願いできなかったのですが、ついにある日、意を決したようにおもちゃのカタログを手に持つと窓辺に行き、「これください」と小さーい声でカタログを指差してお願いしていました。

さて、この本はそんなサンタさんのことが描かれているので気に入ったのか、クリスマスが終わっても何度も何度も読んでいます。特に好きなのはロボットが「ハーックション」とくしゃみをするところ。そこにくると「はーくしょんやって、ひゃひゃひゃひゃ、もーちゃんもはーくしょん！」とノリノリです。ひとりで〝思い出し読み〟（読んでもらった文を覚えていて、声を出して読む）をしている時も

もりおの読書日記

『森に学校ができた』
『森の学校のなかまたち』
きたむらえり／作
片山健／絵
福音館書店

「ハークション」のところは自信たっぷりに読んでいます。
最近のもりおは念願のちょうちょ組になって大はりきり、なまけもののお父ちゃんを「起きなしゃい！」「着替えなしゃい！」と日々叱りとばしています。

『森に学校ができた』『森の学校のなかまたち』

たくさんの登場動物の中で、もりおが一番気になるのはこぐまのダン。ある日、保育園へ行く時、玄関でなにやら片手をにぎりしめています。
「何持ってるの？」ときくと「ぼう（棒）や！　ダンももってたやろ」。
そうして、持っているつもりの棒をふりまわしています。なるほど、ベランダにたまったもりおの棒コレクションも、もうかなりの数やもんなあ。同じように棒を持つダンが気になるってわけね。と、お母ちゃんは一人感心。そしてもりおは保育園に着くまで、片手はにぎりしめたままなのでした。

『三びきのやぎのがらがらどん』

おじいちゃんとおばあちゃんが田舎の家に引っ越しました。泊りがけで遊びに行ったもりおは「ふれあい牧場」という所へ連れて行ってもらいました。帰って

『三びきのやぎのがらがらどん』
（八二頁参照）

『おふろやさんぶくぶく』
さのてつじ／作　絵
ポプラ社

きて「あんな、がらがらどんがいたんやで」と報告。「ほんまあ、三匹ともいたか？」と聞くと、「うん、あのな、はしのしたにな、おーきいトロルがいてな『だれだあ』てゆうたんやで。でもな、おおきいがらがらどんが、ばーらばらにしはったんやで」。

「そうかあ、でもそれはお話のがらがらどんやろ？　ふれあい牧場のがらがらどんはどんなんやったんや？」と再度聞くと、「うーん……」と考えこんで「えっとな、やぎやったんやで！」

『おふろやさんぶくぶく』

もりおは実はまだおふろやさんに行ったことがありません。だけどこの本を見て、しきりに「ひろーいおふろやなあ」と感心しています。気に入ってる理由はもうひとつ、簡単な言葉が覚えやすくて、自分でも読める（思いだし読み）からかな。

「ガリガリ　でかでか　もりもり　もじゃもじゃ」のところはガリガリを指して「でかでかか？」と聞いてきたり、でかでかを指して「もじゃもじゃか？」と聞いてきたり。おかしいのでお母ちゃんは思わず「うん、そうや」とうそを言いそうになります。

おふろに入ると自分の手を「ほら、お母ちゃん、しわしわやで！」と見せてくれます。

もりおの読書日記

『たのしい川べ』（『ふたりはともだち』その後）

がまくんとかえるくん以来、わが家ではがまくん（もりお）、かえるくん（お父ちゃん）、しりあいのかたつむりくん（お母ちゃん）という役割がすっかり定着し、しばらくの間、もりおは「お父ちゃん、お母ちゃん」と呼ばず「かえるくーん、しりあいのかたつむりくーん」。もちろん自分のことも「がまくん」と言うので、ついには保育園のお友だちにまで「がまくん」と呼ばれる始末になってしまいました。しかし、そんなブームも少し冷め、今度は一度ビデオで見たことのあるこのお話に注目。

まだまだ早いからと高い所に置いていたのに、気がつくと引っぱり出してきてパラパラと嬉しそうに挿絵を眺めています。そしてとうとう、というか、やっぱり、というか今回も名前をつけられてしまいました。今度はひきくん（もりお）、もぐくん（お父ちゃん）、ねずくん（お母ちゃん）。おー、今度もまた自分のキャラクターをよく理解しているではないの。

そんなわけで、こんな字ばっかりの長いお話でも愛着があるのか、意外にじー

『たのしい川べ』
ケネス・グレーアム／作
石井桃子／訳
岩波書店

っと聞いてくれるのです。

もりお〈四歳〉

七月に無事四歳になったもりおは、お祝いに買ってもらった自転車についに乗れるようになって上機嫌です。

今回の「よもよも」は、初のもりおのチョイスです。「なあ、もーちゃん、最近気に入ってる本て何？」「えっ？　あんなあー。これとー、これとー、これとー……」と持って来てくれた四冊です。

『こいぬがうまれるよ』
ジョアンナ・コール／文
ジェローム・ウェクスラー／写真
坪井郁美／訳
福音館書店

『こいぬがうまれるよ』

この本をはじめて読んだ時はそれほどの興味を示さなかったもりおなのですが、なぜか最近は大のお気に入りです。こいぬの名前がもりおの大好きなソーセージと同じというところも手伝っているのかもしれないのですが、赤ちゃんが生まれてくるところはもう興味深々です。

お母ちゃんも犬は大好きなので、読みながら「かわいいねえー」と言うと、もりおも「うん、かわいいなあ。そうだ！　もーちゃんもいぬをかうことにする

もりおの読書日記

『ラシーヌおじさんとふしぎな動物』
トミー・ウンゲラー／作
田村隆一・他／訳
評論社

わ！」とさっそく想像の犬を飼いはじめました。名前は「ポーキー」。

これが一日だけのことではなくて、次の日の朝もまだまだ続いていて、朝起きると右手をぐっとにぎりしめ犬のひもをにぎっているつもりで、小さな声で「ポーキー、おはよう」などとつぶやいているもりおなのでありました。

『ラシーヌおじさんとふしぎな動物』

とある本屋さんに、この本の原書がありました。

もりおはそこで大声で「おかあちゃん！　これよんでー」

お母ちゃんは小声で「えっ、もーちゃん、これ英語やし、お母ちゃん読めんへんわ……」、「もーっ」と不満そうなもりお。よーし、それなら、と日本語のものを借りてきました。

もりおはもう、不思議な動物が何なのか完全に「？」「？」「？」の状態で、ページをめくるたびに「なんやろうなあ、これは」。

そして、おいしそうなもの（全部もりおの好きなものです）ばかり食べる動物がうらやまし～いのです。じゃあ、このおいしそうなもの、もりおも食べてみようか、と洋梨を買って来て食べました。

『びゅんびゅんごまがまわったら』
宮川ひろ／作
林明子／絵
童心社

「これはラシーヌおじさんのなしやなあ」と、もりおはあんまりおいしくて一人で一個ぺろっと食べてしまったのでした。

『びゅんびゅんごまがまわったら』

「びゅんびゅんごまって知ってる?」「しらーん!」

そうやろう、そうやろう。なんせ、もりおは作ったことないもんな。

実はお母ちゃんもないんだけど、まあいいか、と読みはじめました。そしたらまあ、この遊びのなんと魅力的なこと! 読み進むにつれてだんだん引き込まれていったのは、実は、もりおよりお父ちゃんだったかもしれないです。

もりおは校長先生のすごい技にひたすら感心。四つもこまを回すところではゲラゲラ笑い出しました。

だけど、どっちかというと、びゅんびゅんごまよりも「ほら、かあちゃん! たんぽぽのお人形やで!」とそちらのほうが好きな様子です。

まあ、好みは色々だからね。だけど、今度びゅんびゅんごまも、たんぽぽのお人形もどっちも作ってみようね。

『めっきらもっきらどおんどん』

保育園で生活発表会があり、一つ上のとんぼ組がこの本を素材にした劇をしま

もりおの読書日記

『めっきらもっきらどぉんどん』（二九参照）

した。

もりおもその劇が気に入って、せりふもすっかり覚えてるので、帰宅後ワンマンショーの始まりです。

「ちーんぷーくまーんぷーくあっぺらこーのきんぴらこ」「よおよお、ええうた、ええうた……。う~んと、つぎなんやったけ?」、「おなかがぽんぽんはじけるぞ、と違うか?」と言うと「ああー、そうやったそうやった!」

なかなかよく覚えてるね、と思っていると、「わーしーは、おたーかーらまんちんともうすー。さあ、あそぼーうぼうー」。

ここのところは妙に臨場感があるので「いやあ、もーちゃん、ほんまのおたからまんちんみたいねー」。

でも、よく考えると保育園の劇もそうやったね。どうしてみんな、おたからまんちんのところはリアルなんだろう? もしかして、どっかで会ったことがあるのかなあ。

『エルマーのぼうけん』

おやすみ前にお話をひとつ読みます。最近は長編ものにチャレンジしていて、

『エルマーのぼうけん』
R・S・ガネット／作
R・C・ガネット／絵
渡辺茂男／訳
福音館書店

数日前から「エルマーのぼうけん」が登場しました。

ある朝、お母ちゃんがベランダで洗濯物を干していると、もりおはその横でこの本のまだ読んでいないところを読みはじめました。もちろん、自分の空想でお話を考えているのです。

しばらくすると「お母ちゃん、りゅうはみんなやさしいのか？」と聞いてきました。「そうやなあ、竜はみんな優しくてかしこいな」と答えると、「そうかあ」と納得。

またしばらくすると「お母ちゃん、りゅうはころも（こども）かあ？」「へ？あ、そうやな。そのお話の竜はこどもやな」。

よーく聞いていると一人でこんなお話を作っていました。

「りゅうはみんな、やさしいです」「りゅうはころもでした」。そして、しばらく空を見上げていたかと思うと「もーちゃんもとんでみたいなあ……」とつぶやくもりおなのでした。

『とうだいのひまわり』

夏が始まる前、ひまわりの種をまきました。団地のベランダでは植木鉢で育てるしかないのであんまり大きく咲かないから、とお母ちゃんとしては本当はのり

もりおの読書日記

『とうだいのひまわり』（雑誌）
にいざかかずお／作
福音館書店

気じゃなかったのですが、もりおの熱烈なリクエストに押され承諾しました。もりおは嬉しくて、ほぼ毎日ちゃんと水やりをしてくれました。

その頃からこの本『とうだいのひまわり』をまた引っ張り出してくるようになり、これまたほぼ毎日（!）見ているのです。

「ひろみちゃんのひまわりは大きくなったなあ、もりおのひまわりはどうや?」と聞くと、たたたーっとベランダに走り、「もーちゃんのひまわりも、もうこーんなにおおきくなったで。もーちゃんよりたかーくなった!」と嬉しそうにしています。

ある朝、ついにひまわりが咲きました。「もーちゃん、ひまわり咲いてるよ!」と起こすと、ふだんは朝起きるのが苦手のもりおもガバッと起き上がり、ベランダへ直行!「やったー!　さいた、さいた!」と大喜びです。

やっぱりひろみちゃんのひまわりのように大きくは咲かなかったけど、もりおのひまわりもちゅうくらいのが一つと小さいのが二つ咲きました。

花も終わり、ひまわりも首を傾げる季節になりました。今度は無事に種がとれるかな?

『せんたくかあちゃん』
さとうわきこ／作
福音館書店

『せんたくかあちゃん』

これは保育園でも読んでもらっています。

ある日、用事で少し保育園を遅刻したのですが、プールに入れなくなると困るのでおおあわてで登園。するとお部屋では水着に着替えたお友だちが先生にこの本を読んでもらっているところでした。

お母ちゃんは「なぜプールの前にこの本？」と思っていたのですが、お迎えに行って納得！　その日たまたま一緒に帰ったあきひとくんともりおに「今日何してたの？」と聞くと、声をそろえて「おせんたくー！」

どうやらプールの時、自分のパンツやシャツをお洗濯したそうなのです。しかも本格的にせっけんまで入れてもらったらしく、「ちゃんと干したの？」の問いには「うん！　せんたくばさみでとめたんやで！」と嬉しそうな応えが返ってきました。「せんたくかあちゃんのようにパンパンたたいたか？」と聞くと、二人でパンパンを実演してくれたのでした。

『みんなでくさとり』

「みんなでくさとり」も最近のお気に入りで、ほぼ毎日持ってきます。もうすっかり覚えてしまって、登場人物の使い分け、微妙な方言の言い回しなど、なかなか完璧にこなしているのが、感心というより笑えてしまうお母ちゃんなのです。

もりおの読書日記

ある時買い物に行った帰り、田んぼの横を通ったのでふとこの本のことを思い出したお母ちゃんは、ちょっと稲の穂のところを見てみました。すると、なんと！　稲の花が咲いているではありませんか！

「ちょっと、もーちゃん見てごらん！　お米の花が咲いてるよ！」「え！　どこー」ともりおもやってきたのですが、あらぬ方を一生懸命見つめ、なかなかどれか気付きません。

「これ、これ、これやってば」と再度言うと、とうとう分かり、もりおも感激！

「かあちゃん、〝ごごにはとじるー〟やな」と言いました。（お話の中で、おばあちゃんが稲の花は午後には閉じる、と言います。もりおはその「午後には閉じる」を、呪文のように覚えているのです）

『みんなでくさとり』（雑誌）
菊地日出夫／作
福音館書店

さんたの読書日記

さんた（一歳十一か月）

「ひこうじょうのじどうしゃ」
山本忠敬／作
福音館書店

『ひこうじょうのじどうしゃ』

先日、さんたは長崎のじいちゃんとばあちゃんの所に行くために、飛行機に乗った。半年前にも乗ったのだが、まだその頃は、この本を見ていなかった。

このところ、何回も何回も「ヒコウジョウブーブー、ヨンデ、ヨンデ」であったから、さあ大変である。飛行場のカウンターでは、ベビーカーを預けて、おねえさんに「ばいばい」と言われると、「アートウ、バイバイ」と大きな声で、早くも興奮気味。

荷物検査を通りすぎると、さあ、お待ちかねの飛行機と飛行場の自動車たちが、ガラス越しに見えてきました。「ヒコキー、ヒコキー、ヒコウジョウブーブー」と指をさして、窓にくっついて離れません……高速バスの運転手さん、とばしていたからなあ。出発一時間三〇分前に着いてしまった事に、父ちゃんは大きな空を見上げてしまうのでありました。

さて、長崎行きの二一番ゲートまでは少しばかり坂になっていて、その先に丁度さんたの背くらいの窓が、通路の両側に並んでいる。「オオー」と声をあげると、

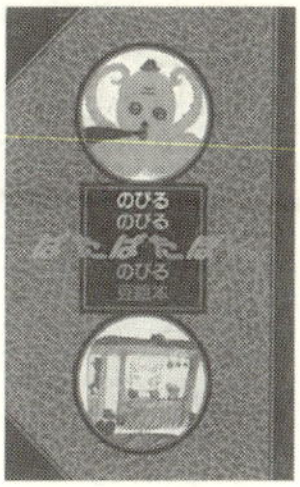

「ぱたぱたぽん」 長新太他／作
「タコのタコベエ」他五冊セット。 福音館書店

一番手前の窓に向かって走っていく。「ヒコウジョウブーブー」と言いながら、一つひとつの車を指さしていく。あっちにもあるよと反対側の窓を指さすと、「アッ、ヒコウジョウブーブー」と、そちらにもトットットと走っていってしまった。この調子で何回行ったり来たりしたことだろう。でも飛行機の中では興奮はおさまった。と思ったら、「ジュス、チョウダイ、ジュスチョウダイ」が始まり、おかわりまでしてしまうさんたであった。飛行機に乗ったことがよっぽど嬉しかったのか、帰ってきてから保育園で、何回も「ヒコキ、ノッタ」を先生に報告に行ったのでした。

『ぱたぱたぽん』

この、ちっちゃいけど長い本が気に入っている。「パタパタホン、ヨンデ」と持ってくる。「かっぱがのぼる」を見せながら「かっぱ」と言うと、「パッカ」が返ってくるし、「頭」と言うと「アマタ」が返ってくる。

中でも「たこのたこべえ」が大好き。この前は、スーパーの鮮魚売場で「アッ、タコベヤ」と指さすので、ふと見るとパックに入ったたこの足。この前までは、上から下げてあるぶりの模型を指さして、「アッ、オッキイトット」とやっていたのにね。

家の中では、「グルグルグルー」と言いながら、ぐるぐる回って、目がまわるの

さんたの読書日記

が嬉しいのか、アハアハ笑っている。「たこべえ好き?」と聞くと「タコベ、シュキ」と返ってくる。次の日には「タコベ、イナイネー」と言うので、二人で鮮魚売場を歩き回ったのでした。

『かいじゅうたちのいるところ』

ピッコリー図書館に行く度に、入口に貼ってあるかいじゅうたちのポスターのところで、一匹一匹指さして「カイジュウ、カイジュウ」と挨拶している。夜寝るときのお話のひとつで、とっても親近感を持っている。一度さんたの鼻の頭を押さえながら「かいじゅう」と言ってやったら、それからは自分で右手の人さし指を鼻につけながら「カイジュウ」とやっているからかもしれない。

ある日、サンタクロースの絵を指差して、「コレハ?」と聞いたさんた。「これはサンタのおじいさん。あんたはサンタのこども」と、母ちゃんから言われ、自分の鼻を指さして、「サンタノコロモ」。

「かいじゅうたちのいるところ」
モーリス・センダック/作
神宮輝夫/訳
冨山房

『めっきらもっきらどおんどん』
（二九頁参照）

『いっしょにきしゃにのせてって』
ジョン・バーニンガム／作
長田弘／訳
ほるぷ出版

さんた（二歳）

『めっきらもっきらどおんどん』

読むときには、主人公のかんたの代わりに、さんたと読んでいる。おばけがじゃんけんをする場面では「じゃんけん　けんで　ほい」と読むと、すかさず「オモシロイ」と元気よく言って、こちらの顔を見上げてくる。

そんな反応をしてくれるともっと読みたくなってしまう。よし、今度は、おたからまんちんを、左卜全のまねでやってみよう、と思う父ちゃんでした。

『いっしょにきしゃにのせてって』

大好きな汽車と動物たちが描かれていて気に入っている。昨夜は五回も「ヨンデ、ヨンデ」をしてしまった。「馬とうさぎの絵」のところでは指さしながら、「ア、パカパカ、ピョンピョン」と言っている。「おばけごっこができるぞ」のページでは「オバケ、コワイ」なんて言っていたけど本当かなぁ。

「おーい！　すぐに　きしゃから　おりろ」のページに来る度に、それぞれの動物の名前を言っている。「凧をあげている絵」の所で、「『たこたこあがれ』の歌うたってよ」と、父ちゃんがリクエストすると、うたってはくれたのだが、途中で歌詞を間違えたのか、歌をやめて「クモマデアガレ……ヤッタナ」とかぶつぶつ言ってる。もう一度うたってと言うと、今度は上手にうたえたのでした。

なにしろ、元旦に鴨川の河原で上がっている凧を見てから、「たこたこあがれ」の歌を車の中で何回も練習してたもんね。

さんたの読書日記

『しょうぼうじどうしゃじぷた』

じぷたの絵を描いて部屋に貼ってある。この本を見る度に「アッ、ジプタヤ」と、さも今発見したかのようにその絵を指さしている。もう何百回読んだだろう。

最近興味があるのが、最初のページのひのみやぐら。「コエ、ナニ」と聞いてくる。一番のお気に入りのページは、「そのときです。しょうぼうしょのでんわが」のページ。ここにくると、急に力が入ってしまい、身をのりだして父ちゃんと一緒に声をあげて読んでいく。「プープープー」と手を振り回しながら元気いっぱいである。

『ちいさいしょうぼうじどうしゃ』

消防自動車の大好きなさんたは、この本を母ちゃんに選んでもらって嬉しそう。

おまけに、犬の絵も入っているではないか。出動のベルが鳴るところでは、一緒

『しょうぼうじどうしゃじぷた』　渡辺茂男／文　山本忠敬／絵　福音館書店

『ちいさいしょうぼうじどうしゃ』　（一〇四頁参照）

『パトカーのピーすけ』
さがらあつこ／文
柳生弦一郎／絵
福音館書店

になって「チン　チン！　チン　チン　チン！」と言っている。自分のおちんちんと発音が一緒のせいかな、ニコニコと笑っている。

「いぬのティンカーもはしってきます」のページを開けた途端、絵を指さして「イヌノ　ティンカーヤ」と先に読んでしまう。先に進んで、消防自動車が画面から消えると、「ショウボウジドウシャハ？」とこちらの顔を見上げてくる。

どうもまだ消防士さんには興味がないみたい。

『パトカーのピーすけ』

このところ、ヒカリ物の車とか大きな車とかが気に入っている。道を通る車の中から「ア、ピカピカヤ、パーポーパーポーヤ、バスヤ、トラックヤ、タンクローリーヤ」とお目当ての車が見つかると、顔をとろけさせている。

だからこの本を見つけたときには、「ア、パーポーパーポーヤ」と言って、大事そうに抱え込んでしまった。ピーすけが犬に立ち向かっていく所では、一緒になって「グルグルグル」と犬のせなかをはしりまわっているつもりらしい。

さんたの読書日記

さんた〔二歳三か月〕

『三びきのコブタのほんとうの話』
ジョン・シェスカ／作
レイン・スミス／絵
いくしまさちこ／訳
岩波書店

『三びきのコブタのほんとうの話』

なになに、三びきのこぶたの話を、おおかみの立場から見た話で、主人公がおおかみなんだって？　おおかみが自分で、どうして悪者にさせられたかを説明しているんだ。さんたがどうして、こんなひねたお話を持ってくるのか、よくわからない。がなぜか好きなんだなあ。

最初におおかみが登場すると、「ワンワン」と指さしをする。次に登場する ときは、おおかみはメガネを片手で押し上げている。すると今度は「アッカンベー」ときた。こんな言葉いつ覚えたのかなあ。昨日までは言っていなかったぞと思う父ちゃんである。おおかみが遠吠えをしている所では、「ア、チュウチュウ」となってしまう。

『やまのディスコ』

いっぽん杉の地下にあるディスコに入って行くと大勢の山の仲間達がいる。その一人ひとりの名前を「ぶたの　はなこさん」「きつねの　しんじくん」……父ち

『やまのディスコ』
スズキコージ／作
架空社

『アンガスとあひる』
マージョリー・フラック／作・絵
瀬田貞二／訳
福音館書店

『だいくとおにろく』
松居直／再話
赤羽末吉／絵
福音館書店

ゃんが叫んでいくと「コエ」と大きな声でさんたが指さしていく。

ライオンのしんじくんがジクンとハチに鼻をさされる場面では、父ちゃんの鼻を指で押さえて「ジクン」、そして、「ア、オカアシャンモヤ」と、向かいに座っている母ちゃんの所に出かけて行って「ジクン」。

『アンガスとあひる』

寝床にどうしても持って行くんだと、この本を抱えて、真っ暗な中で父ちゃんに読めと言う。これには困ってしまった。なんとか絵は判るけれど、書かれている字が見えないのだ。それでもなんとか、記憶を頼りに話し始めた。

今夜のさんたは、なぜかとってもハイである。題名を読んだだけで、「アンガスシュキ　ガーガー　シュキ」なのである。途中であひるがアンガスを追いかける所では、あひるの泣き声を忘れてしまった父ちゃんに「グゥアァガー」と教えてくれる。

『だいくとおにろく』

初めて読んだ時、だいくが画面に登場すると、すかさず「ヒゲジイサン」。これにはびっくり。次の日には、「トントントントン、ヒゲジイサン、ビュ。トントントントン、コブジイサン、ボコンボコン。トントントントン、テングサン、バキ。

さんたの読書日記

トントントントン、メガネサン、ズリッ」と最後までうたってしまうのでした。

これには、両親ともに大笑い。よく憶えていたねえ。

保育所での成果なのでした。


『三びきのやぎのがらがらどん』

あるときおもちゃの赤、青、黄の三本組のスパナを持ってきて、「ガラガラドン」だと言う。どうもスパナの形が、やぎの角の形といっしょだということらしい。

ふううん、なるほどね。

そうこうしているうちに、父ちゃんの留守中に母ちゃんが、トルコのお守り（青いガラスでできた皿の上に目玉がついたもの）をトロルだと言って、スパナとトルコのお守りで、がらがらどんの話をしたそうな。

それから、スパナとトルコのお守りは、がらがらどんとトロルと呼ばれるようになったとさ。


『三びきのやぎのがらがらどん』（八二頁参照）

さんた（二歳一〇か月）

『きかんしゃトーマスとおまわりさん』
ウィルバート・オードリー／作
まだらめ三保／訳
ポプラ社

『きかんしゃトーマスとおまわりさん』

このところ、トーマスにはまっている。ビデオ屋さんに行く度にトーマスが置いてある棚の前から離れない。なぜか一番下の、さんたに見やすく、父ちゃん母ちゃんには見にくい所においてあるんだなあ。

最初に借りたビデオで、ヘリコプターのハロルドが登場した。機関車のパーシーと競争するのだが、このビデオを見た後、すっかりハロルドが気に入ってしまい、「サンチャン　オオキクナッタラ　ハノルド　ノルノ！」と宣言している。その後さんたの好きな〃ネズミヤ〃（イズミヤ）さんでハロルドのおもちゃを買ってもらい、「ブルンブルンブルン」と運転している。

運動会ごっこの応援の旗一枚に絵を描かなくてはいけないんだが、「何を描く？」と聞くと「ハノルド　ト　パーシー！」

生協でラムネ菓子の付いたトーマスのおもちゃを発見。早速買ってもらって帰ったが、次の日にはもう次のが欲しくなった。だが近くのスーパーには無く、ビブレの食料品売り場に母ちゃんに連れて行ってもらった。すると、お菓子売り場をタッタと走って行って、ピタリと止まった前の棚にあったとさ。まるで超能力者のようだったという。

そして、三回目に借りてきたビデオの中味が、この本と同じ内容だった。ビデ

さんたの読書日記

『おひさまがしずむ　よるがくる』
ローラ・ルーク／文
オラ・アイタン／絵
内田莉莎子／訳
福音館書店

『おばけがぞろぞろ』
ささきまき／文・絵
福音館書店

オの二話分が一冊になっていて、筋は通っているが台詞が違っていたり、余分な話が付いていたりしているのだが、ビデオを見ながら「コレ　ホント　イッショヤナ」と言って、笑いかけてくる。ようわかるようになったなと思う父ちゃんである。

『おひさまがしずむ　よるがくる』

一回通して読んでやった後、「この本好き?」と聞くと「コノ　ホン　シュキ」「どこが好き?」「コノ　ページ」と開いた所は、最初のページ。ははあん、ありました、汽車の絵が。トーマスと同じように線路の上を貨車二両引っぱって、煙を吐きながら走っている。

次に好きなところは、母さんに抱っこされているページ。一度読むと「モウイッカイ!」がすぐに返ってくる。

『おばけがぞろぞろ』

ややこしい名前のおばけたちが気に入っている。保育所にもこの絵が貼ってある。みんなおばけが好きらしい。ある日、父ちゃんを見上げて「トウチャンノ

『ざっくりぶうぶうがたがたごろろ』
神戸淳吉／文
エム・ナマエ／絵
偕成社

『なにたべた』
木坂淳／文
アンヴィル・奈宝子／絵
福音館書店

ハナカラ　オバケガ　デテクルデ」……?……うめもらくんは銅像の鼻から出てきます。下から見たら父ちゃんの鼻の穴は大きかったにちがいない。

『ざっくりぶうぶうがたがたごろろ』

きりん館に行った時、「サンチャン　コレ」と持ってきたのがこの本。中でもパワーショベルが気に入っている。でもブルドーザーは嫌いなんだそうな。「なんで嫌いなの?」と聞くと「コワイ!」という答。最近「トウチャン　キライ!」が増えてきたのはこんなわけがあったのか。「そのとき、後ろから白い影が……」とうらめしい声でおどかしたりしてるものなあ。

さんた〔三歳〕

『なにたべた?』

三回くらい読んでもらうとすっかりはまってしまい、「のらのらねこさん、なにたべた? にんじんちゃんとたべたかな?」とよむと、「ニンジンナンカ　タベナイヨ。オサカナ　タベタ　ダケデスヨ」となりかわって応えてくれます。

お散歩しながら道みち「なにたべた」を掛け合いで口ずさんでいる途中、母ちゃんがごんごんごりらのところでつまってしまうと、すかさずおしまいの「クダモノ　ドッサリ　ダイコウブツ」まで一息にうたってくれました。

一番好きなのは最後の黄色のシャツの子。「かぼちゃちゃんとたべた?」のところでいたずらな目になって、絵のとおり口を押さえるポーズ。そういえば、好物のアメを食べすぎて「もういいかげんにしなさい!」としかられたときの顔とおんなじだね。

『もりのなか』
マリー・ホール・エッツ／文・絵
間崎ルリ子／訳
福音館書店

『もりのなか』

夕食にマーボー豆腐を作った日。「サンチャン　トーフ　タベラレル!」と言っては豆腐を、大きく口を開けて一口食べる。それを見て父ちゃんが「オーすごい、上手に食べるなぁ」と驚いた顔をすると、嬉しくなって一口食べてはこちらを見て、父ちゃんの「オー」と驚く顔を期待している。

自分のお皿の分を食べてしまうと、立ち上がって歌をうたいながら踊りだした。「ウレシイナ　ウレシイナ　サンチャン　オトウフ　ダイスキダ!」どこかで聞いたような歌だなと思っていたら、そうそう、『もりのなか』でおさるさんたちが、「ぎょうれつだ　ぎょうれつだ　ぼくらはぎょうれつ　だいすきだ」とうたう歌とよく似ているんだなあ。

『まんいんからっぽ』

救急車がでてくるページになると、やおら立ち上がりおもちゃ箱の中から救急車のおもちゃを持ってきては、絵の上に重ねて「サンチャン　キュウキュウシャモッテル」と得意そう。何回読んでもこのページになると同じことをする。

遊園地の入口のゲートの場面では、「サンチャン　マエニ　イッタナ」と言っている。ウン？　遊園地にはまだ連れて行ったことはないんだけれど。そうか、この前、高速道路に乗ったからかな？　料金所と間違えたかな。そういえば似ているもんな。ゲートがあって、車に乗って、制服と帽子を着たおじさんいるからな。

『まんいんからっぽ』（雑誌）
藤田千枝／文
古川タク／絵
福音館書店

『ぽぽりん』

うしろの方のページで、小さな赤と黄色の星を指さして「コッチガ　ゼアスコッチハ　ポポリンノ　オカアサンヤデ」。なんだって？　なんでそんなことわかるの？　とわけの解らない父ちゃんのために、前の方のページを開けて「ホラコレガ　ゼアスヤロ」と赤い大きなゼアスを指さし、次のページでは「ホラ　ポポリンノ　オカアサン」と、黄色で大きく描いてある星を教えてくれたのでした。

ウーン。父ちゃんは赤がゼアスで黄色がポポリンのお母さんなんて、何も意識

『ぽぽりん』
木村昭平／作
ベネッセ

しないで読んでいたのだ。スルドイ。

さんたの読書日記

さんた〈三歳二か月〉

『だいくとおにろく』

母ちゃんとお風呂に入りながらだいくとおにろくの掛け合いをやるんだそうな。おにが、「さあ、はやく　めだまぁ　よこせ」というところから。一通り終わると今度は、役の交替。おにがぽかっと消えてなくなってしまったところで「ナンデキエテシマッタン……？」母ちゃんは「さんたは面白いなあ」。

……今日は父ちゃんと入ろうな。

『だいくとおにろく』（一三三頁参照）

『ノンタンかるた』

お正月用にかるたを買ってもらうことになり、「何がいい」と母ちゃんに聞かれて持ってきたのがこのかるた。母ちゃんはほかの物をすすめたけれど「サンチャン　コレガイイノ！」と言う。よく聞いてみると、保育所でも使っているのだそ

『ノンタンかるた』
キヨノ・サチコ／作・絵
偕成社

『車のいろは空のいろ』
あまんきみこ／作
北田卓史／絵
ポプラ社

うな。以来保育所でのかるたとりは一番を誇っている。

好きな札が決まっていて、そんな札をほかの人が取ろうものなら大変なことになってしまう。「トッタラダメノ！　サンチャンノヤ」と泣いて取り返そうとするので「そんなことするんやったらもうせえへん。このかるた捨ててしまう」と、父ちゃんに言われて神妙な顔になり、「ワカリマシタ」。

それからは好きな札をほかの人が取ると「コウカン　シヨ」と言っては取り替えている。札の表だけではなくて、裏の絵もお気に入りがあって「ウラ　ミセテ」と言ってはチェックしている。

面白いのは、裏が掃除機の札。にまと笑って「オソウジキ！」終わって箱に入れる時には「サンチャンガ　スル」と自分でやっているが、一番上に置くのは一番好きな「そらから　すい　かもめが　すい　こんにちは」。

『車のいろは空のいろ』

「ヤマネコ　オコトワリ、ヨンデ」と言って膝に乗り、本を自分で開くのだが、ページはいつも松井さんと山ねこがタクシーの中に座っている絵のところ。父ちゃんがこの話の初めから読もうとすると「チガウノ、コノページ」と言って、またさっきのページに戻ってしまう。「サンチャン、クマシンシモ　ヨム」と言って松井さんが財布をひろいあげて、くま紳士のことを思い出している絵のページに

さんたの読書日記

行くのだった。

「こたたん　こたたん」とくま紳士の歌を節をつけてうたうと、自分も嬉しくなって、からだを揺らしながら「コタタン　コタタン」とやっている。

「サンチャン　キツネノモ　スキ」ということで「ほん日は雪天なり」の話ではきつねたちがうたう「おかえりおかえり松井さん。さあさあしっぽをだしなさい」を自分でもうたっている。この歌はとても気に入っているようで、車の中でも「オモシロイナア」と言いながら何回もうたっている。


『ごろはちだいみょうじん』


父ちゃんが、ウクレレ抱えた牧伸二の「あーやんなっちゃった」の最初からのメロディーで「きょうは　おてらの　ほうじやそうな……」という歌をうたうと、とっても気に入ってしまった。車の中で何回も何回もうたっては、「マズ、トウチャン、ツギニ、カアチャン」とうたわせておいて、「コンドハ、サンチャン」とうたっては、「サンチャン、イチバン」と優勝するのであった。

歌がいろいろあって、おもしろいのか「コタタン　コタタン」の次に「キョウハ……」が来たりしている。「ちがうやんか」と言ってもアハアハと笑っては繰り

『ごろはちだいみょうじん』
中川正文／文
梶山俊夫／絵
福音館書店

返している。

さんた（三歳三か月）

『機関車トーマス』

前の日にネズミ屋さん（高野のイズミヤのこと）でパンツを買った。お好みのトーマスの絵が付いたやつだ。嬉しくてしかたがない。

その夜、お風呂から出ると早速はくと言う。おしりにトーマスとヘンリーとエドワードが並ぶはずだったのだが、「チガウノ！」と言って、絵の方を前にしてはいている。次の日の朝、着替えようと言っても「コレ　キルノ！」と言い張る。

保育所から帰ってきて、連絡ノートを見ると、さんたお気に入りの先生からで、先生が遅番で出勤してくると飛んできて、ズボンをぬいで見せたそうである。よっぽど嬉しかったんだろうねえ。

『機関車トーマス』
ウィルバート・オードリー／作
桑原三郎・清水周裕／共訳
ポプラ社

『ごろはちだいみょうじん』

夕食用に、鳥のレバーの下ごしらえをしていると「サンチャンモ　ミルノ！」とさんた用のイスに立ち上がって料理の見学。

『おっとせいおんど』
神沢利子／文
あべ弘士／絵
福音館書店

さんたの読書日記

「サンチャンモ　オオキクナッタラ　オリョウリ　スル」と言っている。

と突然「ソレ　ナニ？」「これはレバー」「コレハ？」「これは心臓。さんちゃんも持ってるで」。すると自分の手を見て「モッテヘン」。「さんちゃんの体の中にドッキン、ドッキンするところがあるやろ、そこが心臓や」。

「ソレ　ゴロハチダイミョウジン　ニモ　アッタナ！」そういえば、ごろはちの心臓がドッキン、ドッキン早鐘を打つみたいになる場面があったな、と思い出した父ちゃんである。

『おっとせいおんど』

おすもうをとっているページで、大きい方のおっとせいを指さして、「コレガオニイチャンヤナ！」その後のページを開く度に、どんなにたくさんのおっとせいがいても、一番大きいのを指さして「コレガ　オニイチャンヤナ！」。

本のまんなかのおっとせい音頭のページでは、動物たちが口々に入れる合いの手が気に入って、みんなの合いの手を覚えて次々に言うのだ。

「あとあしつかんで、どーなつできた」のページでは、自分でもひっくりかえって、足を手で持って「コウスンノカ？」と言っては喜んでいる。

『ミッケ！』（六五頁参照）

『めっきらもっきらどおんどん』（二九頁参照）

『生きもの元気　死にもの狂い』
本田睨／文
杉浦範茂／絵
偕成社

『ミッケ！』＋『めっきらもっきらどおんどん』

ビー玉のあるページを開いては、「オタカラ　ヤデ！」と嬉しそうに指さす。なんのことかと思ったら「めっきらもっきらどおんどん」に出てくる〃おたからまんちん〃の持っている、お宝のことだった。

今日は保育所のお別れ会。らいおん組のお友達みんなで「めっきらもっきら」の劇を見せてくれた。

家で何回も、あの呪文練習していたけれど、緊張したのか小さな声になり、木の穴を潜ってコロリ、コロリ、コロリ。〃おたからまんちん〃とお宝を交換したら、キラキラ光るゴムボールが当たった。それを持って鴨川へ散歩。「落とすなよ」と、父ちゃんが言ったとたんに落としてしまった。でも浅い所だったから、お宝は無事に手元にもどったのでした。

『生きもの元気　死にもの狂い』

母ちゃんの本だなからひっぱり出してきて、「コレ　ヨンデ」。

父ちゃんは中を見てウーン、字がいっぱいある、よし、見出しだけ読んだろうと思うのである。

「トンネルの中の恋」のページで、「コイッテ　ナニ？」ときた。困った父ちゃん

さんたの読書日記

は絵の中のハートマークを指さして「これや」。さんたも「コレカ⁉」と納得……?

それから数日たって、たまたま見かけた、赤い色のハートマークを指さして「コイッテ　アカイノカ?」

さんた〔三歳四か月〕

『めっきらもっきらどおんどん』

新しい保育所に移行して、まだ心細いらしく、前の保育所から一緒に移行してきた〝ゆうた君〟だけが心の支えである。

保育所の前で車から降りるのを嫌がって、一〇分も一五分もねばっている。なんだかんだと問答の末、「ユウタクン　キテハルカナ?」これが出ると大丈夫。「来てはるで。行こうか?」と言うと、やっと「ウン」になるのであった。

そんなある日、父ちゃんは保育所の近くでいい物を発見した。ある家の玄関先に、一メートル位の高さの〝ほていさんの石像〟があったのだ。

『めっきらもっきらどおんどん』〔二九頁参照〕

「さんた、おたからまんちんや」と教えてやると、「ホンマヤ！　オタカラマンチンヤ！」と大興奮。それから毎日おたからまんちんに、ごあいさつすることになったのでした。

「オタカラマンチン　バイチーン！（バイバイ）」

『ザリガニ』
吉家世洋／構成・文
池田達男／絵
あかね書房

『ザリガニ』


「オタマジャクシガ　ホシイ！」というさんたの声につられて、日曜日に宝が池に行った。いこいの広場の奥に池があるという。行ってみるとその池では、みんながザリガニ釣りをしている。いない、いない、おたまじゃくし。おたまじゃくしやあいと、池の奥のそのまた奥まで行ったけれどそこは工事中。

途中の川を渡る時、さんたが「ガニガニサン　イタ」と指さす。見ると立派なハサミを持った赤い奴。父ちゃんはすかさず捕まえた。でも「サンチャンガ　ツカマエタ。ヤツヤナ！」と宣言されてしまった。

戻ってきた池では、小学生とお父さんが、ザリガニ釣りをしている。お父さんは楽しそう。いいな、いいなと思う父ちゃんである。でも釣りの用意はしていないし、エーイ！　水の中に入ってザリガニ捕まえちゃおう。浅い池なんだけれど、なかなか捕まらない。網からスルリと逃げてしまう。やっと捕まえたのは、土色のまだ小さい奴だった。日曜日の獲物は、ザリガニ二匹。

「サンチャン　ガニガニト　トウチャン　ガニガニ ヤナ！」とご機嫌である。
こうして、ザリガニ飼育の日々は始まったのだ。

さんたの読書日記

『じゃんけんゴリラ』
矢崎節夫／作
尾崎真吾／絵
教育画劇

『じゃんけんゴリラ』

「じゃんけん　じゃがいも　さつまいも」「あいこでアメリカ　ヨーロッパ」というじゃんけんのかけ声が気に入っている。特に「あいこで……」が好きで、勝っていようと負けていようと何回も続けている。

どうも「あいこで……ヨーロッパ」の「パ」は、グー、チョキ、パーのパーだと思っていて、いつも自分はパーを出す。父ちゃんがチョキを出して「父ちゃんの勝ち」と言うと「パー　シカ　ダセヘンネンデ！」と不服そうだ。

それから少し考えていたかと思うと、「モー　イッカイ　シヨ」「アイコデ　アメリカ　ヨーロッグー」「アイコデ　アメリカ　ヨーロッチョキ」と言って、「ガハハハハ」と勝利の雄叫びを上げるのだ。

次の日の朝、フトンから出て隣の部屋でなにやらゴソゴソやっているなと思っていると、まだ寝ている両親の所にやって来て「ミテミテ！　チイゴリラヤデ！」両手と片足を使って、グー、チョキ、パーをして見せるのでした。すぐに倒れそ

『ドキッとこわいおばけの話』
木暮正夫／文
原ゆたか／絵
岩崎書店

うになるけれど、とても楽しそうに顔がニマニマしている。

さんた〈四歳三か月〉

『ドキッとこわいおばけの話』

この本の中でも、「おんぼろ寺のかにもんどう」が気に入っている。カニがばけた小僧が出てきて、「もんどうがしたい」と坊さんとやりとりするのが、おもしろいらしい。

何度か話を聞いてから、車の中で「カニモンドー　ノ　ハナシ　シテアゲヨウカ？」「うん」と答えると、話が最初から始まる。なんとか思い出そうと、一生懸命である。

しかし、長い話だからなのか、止まったりして声が小さい。ところが、小僧が出てくると、急に声が大きくなり、今までとは違って、話が流れてくる。「リョウソク　ハッソク　ダイソク　ニソク。ニガン　テンガンツウ　ニシテ　イロベニトハ　コレ　イカニ！」「コレハ　タヤスイ　モンドウ。カニ！」「ギャー！」この部分、嬉しそうに顔がニマニマになっている。

リズムが気に入っているのか、何度も、この部分だけを繰り返している。

さんたの読書日記

「オモシロイナア」とごきげんである。

『タクシータクちゃんとばけぎつね』
藤本四郎／作
ポプラ社

『タクシータクちゃんとばけぎつね』

家の近くの図書館に行くと、「サンタ　ナンサツ　カリラレルノ？」と聞いてきた。

「四冊やから、自分でさがしや」ということで、自分で選んだ一冊。最後のキツネからの手紙が、気に入ったらしい。

何回か読んでやると、覚えてしまった。まだ字を読むことはできないくせに、「サンチャン　ゴホン　ヨンデアゲヨカ？」と言っては、「タクチャン　オジサン　アリガトウ……」そのページをひろげて、あたかも読んでいるように、見つめながら暗唱している。

そばで見ている方は、おかしくて吹き出したいのだが、かわいらしくて、こらえている父ちゃんである。

『のりもの』

保育所に迎えに行くと、今日はブロックではなくて、折り紙をやっている。自分で折った飛行機を手にもって、飛びついてきた。抱っこしてやると、「ヒコウキノ　サキヲ　キッタンヤ」と言う。どうも普通に作ったのではなくて、自分のオリジナルとして、先端をハサミで切ったということを主張しているらしい。

折り紙の本をひろげて、年長さんのセキ君が、「なあ、さんた君のお母さん、これがウルトラマンティガのガッツ一号で、こっちが二号やで」と説明してくれる。「さんたのお母さんじゃあなくって、お父さん」と訂正を入れると、タイセイ君のお母さんの笑い声。

さんたも時々わざと、父ちゃんにむかって「オカアチャン」、母ちゃんにむかって「トウチャン」と言っては笑っているのだが、セキ君はわざとではなさそう。マジに言っている。なぜなんだろうねえと思う父ちゃんである。

『のりもの』
坂田英昭／著
永岡書店

さんた〈四歳六か月〉

『ちいさないきもの——くらしとかいかた』

数日前から、ザリガニに関する話題ばかりである。「ウチノ　ガニガニサン　ホイクショニ　モッテイッテモイイカ？」と何回も聞いてくる。保育所のザリガニ

さんたの読書日記

『ちいさないきもの』
日高敏隆／監修
ひかりのくに

『スイミー』（七四頁参照）

は全部いなくなってしまって久しいのにである。

「キョウナア　ツリザオニ　スルメヲ　ツケタンヤ」「ザリガニヲ　ツルトキハ　スルメヲ　ツケルンヤデ」「コンド　バスエンソクデ　タカラガイケニ　ザリガニ　ツリニ　イクンヤ」。そういうわけだったのか。

前の晩、「早く寝んと、起きられへんで。七時に起きなあかんで、お弁当作らんとあかんからな」。「ソウヤナ。ハヨ　ネナアカンナ！」といつもの宵っ張りが、九時にはふとんに入ってしまった。

つぎの日、「七時やで」と言われ薄目を開けたところへ、「今日はバス遠足なんやろう」。パッチリと目を開けて「バス　エンソク　ヤナ！」とたんに飛び起きた。もうすでに興奮気味である。

『スイミー』

去年の夏、〝メダカとり名人〟と保育所で呼ばれていた三歳児が、鴨川でメダカを捕まえた。それをうちまで持って帰り、ヒメダカの入っている水槽に入れてやった。

そのメダカは、ツイツイとなぜか直線的に動き回り、大きなメダカから食われないように上手に逃げ回っていた。そしてあれよあれよという間にずんずんと大きくなって、秋にはヒメダカと同じ位になっていた。

そこでこの本を持ってきて調べてみると、なんのことはない、ハヤだということが判明。しかし、ここで放り出すわけにもいかず、冬の間ヒメダカとハヤの同居生活は続いていた。だが、去年ヒメダカの生んだ卵から孵化した、一匹の赤ちゃんヒメダカがだんだん大きくなって、仕切り網が狭くなってきた。そろそろそこから出してやりたいと思う父ちゃんである。

そうなるとヒメダカの一・五倍に大きくなったハヤは、その大きな口で、赤ちゃんヒメダカをパクリと一口であろう。これはハヤを生まれた鴨川に逃がしてやるしかない。そう心に決めた父ちゃんは、さんたとの交渉に入った。

「なあ、ハヤ、鴨川に逃がしてやろうな」「ナンデヤ　イヤヤ」「赤ちゃんメダカ、大きくなったし網から出してやろうな」「モウ　オッキイ　メダカニ　タベラレヘンカ？」「もう大丈夫や。けど、ハヤには食べられてしまうわ」

「ハヤガ　タベルンカ？」「そうや、ハヤの口大きいから、ペロリやな」

「ナンデ　ハヤ　アカチャン　メダカ　タベルンヤ？」

「大きい魚は、小さい魚、食べてしまうんや」

「スイミーハ　タベラレヘンカッタデ！」

「でもな、うちの水槽は狭いから、逃げられへんのや。スイミーは広い海に住ん

さんたの読書日記

でるから大丈夫やったんや」

「ヨシ　ハヤヲ　カモガワニ　ニガシニイコウ！」というわけで、その日鴨川に放流に行ったのであった。

つぎの日、鴨川に架かる橋の上から、「ハヤ　ゲンキカナ？　オオイ！」と叫ぶさんたであった。

『おふろだいすき』
松岡享子／作
林明子／絵
福音館書店

『おふろだいすき』

さんたはおふろがキライだ。おふろの時間はイヤでイヤでたまらない時間。特に父ちゃんと一緒に入るのはとってもイヤ。頭を洗ってもらう時には「ナガスノハ、サンカイヤデ！」ときつく洗髪制限をかけてくる。一回でも回数を多くすると、なにがなんでもイヤで「トウチャン　ナンデ　ヨンカイモ　ナガスンヤ！」「サンカイッテ　イウタヤンカ。ヤクソクハ　マモラナ　アカンネンデ！」と半べそになって抗議する。

「泡が付いているからやんか」と言っても「イヤヤ！」とますます意地になっていく。

そんな騒ぎのあったこの夏、さんたのいとこが佐渡からやってくることになった。

大好きなりょうすけ兄ちゃんと、一歳年下のしんぺいちゃんである。さんたはしんぺいちゃんのことを弟分だと思っているが、しんぺいちゃんはさんたをツレだと思っている。

この三人がそろって母ちゃんの兄弟の家に遊びに行き、それじゃあということで大きなプールへ行くことになった。

両腕に小さなうき輪をつけてもらって、大きなうき輪の中にお尻を入れ、水路のようになっているプールに引かれて出ていった。

母ちゃん父ちゃんが交代でうき輪を押していくと、最初は「コワイ　コワイ」と言っていたが、だんだん笑顔も出てきだした。

しんぺいちゃんもりょうすけ兄ちゃんも、海のそばで育っているからプールなんてお手のもの。どんどん楽しんでいる。そのうちさんたもその気になって、最後は水から出るのがイヤになってしまった。

「モウ　カエルノ？　マダ　イタイ！」なんて言っている。

そして次の日、事件は起こった。その事件とは保育所のプールで起きた。それまでできなかった顔つけに成功したというのだ。これは一大事。保育所帰りの車の中で、鼻の穴をふくらませながら報告するさんたである。

「ボクナア！　キョウナア！　モグリ　デキタンヤデ！」

さんたの読書日記

「ほんまか?」

「ホンマヤデ!」

「○○チャンハ　マダ　デキヒンノヤケドナ　モウスコシナンヤ!」

「デモ　サンタハ　デキタンヤデ!」

嬉しそうに、にまにましながら話してくれる。父ちゃんは保育所の先生から、月組の中で顔つけのできないのは、さんたの仲良し二人組だけだと聞いていた。いつもいっしょにいる二人組がそろって〝潜り〟ができないのは面白いなあと思っていたのだ。プールの時間が楽しみになってよかったよかったと思っていたのは、しばらくの間だけだった。

さてここから、さんたは変身した。

「モグッテ　ミセヨウカ?」と言うと返事もきかずにドブン!　と潜るようになった。

「すごいなあ」なんて最初は感心して見ていたのだが、何回も何回もドブン、ドブンと、とどまるところを知らない。大きな声を出しておふろを大いに楽しんでいる。「ハヤク　アガリタイ」と言っていたのが嘘のよう。おふろの時間はながーくなっていったのだった。

『やまなしもぎ』
平野直／再話
太田大八／絵
福音館書店

というわけでさんたは「オフロダイスキ！」になったのだが、母ちゃん父ちゃんは「おふろ大きらい！」な二人になっちゃったのである。

さんた〈五歳一か月〉

『やまなしもぎ』


朝起きて母ちゃんとさんたは、まだ布団の中。なにか二人で話している。

「ナア、サブロウハ　ヤマナシモイデカラ　ドウヤッテ　オリテキタノ？」

「ポケットに入れて下りてきたんと違うか」

「ソウカ。ナアナア、カアチャンハ　ナンニナル？　トウチャンハ？」

「お母ちゃんはおっかあがいいな」「イイヨ」

「父ちゃんは、おっかあになる」「アカン！　カアチャンガ　オッカア」「じゃあ父ちゃんは？」「トウチャンハ　タロウ！」「さんたは？」「サンタハ　サブロウ！」


『おべんとうななあに？』

図書館で本人が見つけてきた。「ウワー　オイシソウヤナア。コレハナア、キュウリヤデ。ソンデナア、コッチハナア、ソーセージヤ。ホンデナア、コレハナア、ツマヨウジガサシテアルンヤ。シャリンハナア、サクランボヤデ。ハナノトコハナア、ユデタマゴヤ。サンタ、シンカンセンベントウガ　タベタイ！」ということで、父ちゃんは新幹線弁当をつくることになったのだ。

それを食べた後、一番最後のページにあるおともだちべんとうを見ながら、「ウワーオイシソウヤナア、コノカオハナア、オニギリヤデ。ソレカラナア、コノミミハナア、ピーマンヲナア、キッタヤツヤ。ソレカラナア、コノオヒゲハナア、キュウリヲ、ホソクキッタヤツヤデ。ソレデナア……」どんどんおべんとうの解説は続いていくのであった。

『おべんとうなあに？』
山脇恭／作
末崎茂樹／絵
偕成社

『のりもの』（一五一参照）

『のりもの』

このところはまっているのは、ビーストウォーズである。なんといってもあの動物や昆虫からロボットに変身するところがたまらない様子。

今日は風邪で保育所はおやすみ。退屈な彼は、ひとりで折り紙を始めた。昼からは、カブタックのテーマソングが流れ、次から次にいろんな折り紙が完成していく。

「ナアナア、トウチャン！　コレナア、ナンヤトオモウ？」「なにが？」とさんたの方を見ると、「コレナア、カタツムリデナア。コッチガナア、ハチヤデ。ホンデナア、ホンデナア、コッチハナア　ザリガニヤ！」よく見ると、胴体がこの本に出てくる船をひっくり返したもの。そして手や足は保育所で習ってきた、いろいろな飛行機や虫の折り紙だった。かたつむりはバッタの頭を二つに分けて角にしてその上に舟をのっけたものなどなど。おりがみが合体すると、いろんなほかのものになってしまうのだ。

『ももたろう』
松居直／文
赤羽末吉／画
福音館書店

さんた〈五歳五か月〉

『ももたろう』

さんた「ボクハ、カアチャンノオナカカラウマレタシ、カアチャンノムスコヤナ！」

父「父ちゃんの息子とちゃうんか？」父ちゃんは自分がムシされたことが悔しいのである。

そこでしばらく考えていたが、頭のなかに「ももたろう」の話がどんぶらこっこ、ずっこっこと流れてきたのはさすがである。

さんた「ウーン。ホンナラナ、トウチャンガモモヲカッテキテナ、ソレヲカアチ

さんたの読書日記

ヤンガタベタラナ、オナカノナカデ、モモノタネガポーントワレテ、ソレデサンタガデテキタ、トイウワケヤ、ナ！」

　まあこれで父ちゃんの顔も立つというわけか。嬉しそうに鼻の穴も膨らんでいる。

　すると母ちゃん「ほしたら、さんたは桃からうまれた、さんたろうやんか」。

さんた「チャウデ、モ、リ、カ、ワ、サ、ン、タ、クンヤデ！」

　今度は憤慨のために鼻の穴が大きくなっている。

『はじめてのキャンプ』

さんた「ナア、ハンゴウッテシッテルカ？」

父「知ってるで、ご飯を炊くやつや」

さんた「ドンナン？」

父「うちにあるし、後で出しといてあげるわ。なんでそんなん知ってるんや？」

さんた「キョウナア、ホイクショデ、ヨンダンヤ」

　もちろん自分で読んだわけではない。先生がみんなに読んであげたのだ。そして次の日、父ちゃんが物置から引っぱり出してきた。

『はじめてのキャンプ』
林明子／作・絵
福音館書店

そういえばこの前、ご飯をガスで炊く方法を読んだなと思った父ちゃんは、飯ごう炊飯にチャレンジすることにした。最初に強火でシュッシュッ、ピチピチいいだしたら弱火でしばらく。案外簡単にできてしまった。そのご飯のおいしいこと！　みんなで大満足。電気炊飯器は物置に行ってしまい、飯ごうが台所に。飯ごう炊飯の毎日が始まった。

その日から我が家では、毎日がキャンプである。

『ぶたのたね』（七八頁参照）

『ぶたのたね』

今日は保育所から本を借りられる日。選んだのはこの本。

さ「ボクナア、ジ、ヨメンデ（よめるんだよ）……」

父「ほう、ほんまか！」

さ「ヨンデアゲヨカ？」

父「うん」

さ「オ、オ、カ、ミ、ハ、マ、ダ、イ、チ、ド、モ、ブ、タ、ヲ、タ、ベ、タ、コ、ト、ガ、ナ、イ」と、一字一字をはっきりと区切りながらの読書が始まった。

初めての本格的読書である。記念すべきことである。

この連載が始まって以来のことである。すばらしいと感激にムセブ父ちゃんであった。

さんたの読書日記

最後まで読んだあと、ばったりと倒れるようにさんたが言った。
さんた「ヨンダ……ナア、ボク、スゴイヤロ！　ジブンデヨンダンヤデ！」
父「ああ、すごいなあ。ところで、なんて書いてあった？」
さんた「ワカラン」
父「なんでわからんかったんや」
さんた「ジガイッパイデ、ツカレテシモウタ」
ひらがなを見て識別して読んでいくというのは、なかなかに難しいことである。ましてそこで文章の意味を理解していくのはなおのこと難しい。
そういうわけで、この日以来、字がいっぱいで疲れてしまったさんたは、読書をしていない。

第四章　こどもの本をめぐって

「君は幼いころ、君にとって何がいいことかママの方がよく知っていたりすると、憤慨する子どもだったことはもう覚えていないかな？　子どもに対してどこまでお節介が許されるかということがすでに、重要な問題なんだ。それは哲学的な問題だけれど、哲学は子どものことを気にしていない。哲学は子どもを教育学に任せっぱなしにし、虐待されるままにしている。哲学は子どものことを忘れちゃったんだな」

ベルンハルト・シュリンク著
松永美穂／訳
『朗読者』より
新潮社

4-1

赤ちゃんが生まれたら〝ブックスタート〟！

乳幼児検診に参加した赤ちゃんと保護者に、赤ちゃんのための本とその活用についての説明が手渡される。それが一九九二年にはじまったイギリスの「ブックスタート」で、「Share books with your baby ＝赤ちゃんと本の楽しさを分かち合う」運動である。このプロジェクトには、大学の研究機関も参加して、ずっと追跡調査が行われている。その結果、言語的能力、数学的思考能力の双方に影響を与えることが証明されたという。そのことが世界的に注目され、二〇〇〇年秋から日本でも試みが始まった。

ブックスタートの背景には、「こどもがあまりにも多くのメディアから、無防備にさまざまな影響を受けていることに対する危機感や、青少年犯罪の増加に対する不安感」があるという。こどもの主体性をとりもどすために、なにか具体的なプログラムを、と考え出されたのが、こどもと本との出会いだったということだろう。

そんなことを『よもよもつうしん』に紹介したところ、「本を読まないと犯罪に走るの？」「本は、やっぱり勉強をさせるために読ませるの？」という疑問を投げかけてくれた読者がいた。「本を読まないと犯罪に走る」そんな統計は、私の知る限りではどこにもない。因果関係を証明することはおそらく不可能だろう。人は誰も一つの要素で育つのではなく、さまざまな関わり合いの中で育ち、生きているわけで、読書との関係だけを問題にすることには意味がない。ただ、乳幼児期に本に触れる時間があるという環境は、こどもにとって安定した人間関係が用意されていると言うことができるだろう。そして、物語を読むことで自分自身と対話することが習慣化した時には、自分を客観化し、コントロールする能力を高めることも可能なのではないかと考えられる。

勉強させるために本を読ませる。それは、こどもにとっては課業でしかないし、それが本来の読書だと私には思えない。けれども逆に、本を読むことが好きになった結果、それが学習を支える基礎的な力になることは否定できない。このイギリスの追跡調査の結果はそのことを証明したと言えるのではないだろうか。

調査の結果を〝勉強のできる能力〟というふうに狭く見ると間違ってくる。数学的思考能力や、言語的能力は、〝学校の勉強ができる能力〟にももちろん必要なのだけれど、むしろ現実の社会を生きていくためにこそ必要な力だと私は思う。イギリスのこどもに関わる複数の機関が、その力と読書との因果関係を持続的に調査し、一定の結果を引き出したことは、一面的に捉えられる危険性は孕《はら》んでいるけれど、やはり評価できるのではないだろうか。

「ブックスタート」は公的サービスだが、それが目指している「赤ちゃんが生れた時から本のある暮らし」をはじめることは、誰にでも、すぐにできる。

4-2

家庭はこどもが本を読む力を育むベース

こどもが本を読む力を手に入れるためのベースは、なんといってもそれぞれの家庭にある。幼稚園や保育園、学校や図書館は、組織的な刺激をしてくれる心強い支えになるが、根っこは家庭。それも、そこで積み重ねられるなにげない時間の中にあると思う。

イギリスのブックスタート・プロジェクトは、赤ちゃんの時代から家庭に本があることが、言語的能力、数学的思考能力とともに影響を与えていることを、数字の形でもはっきりと証明してくれた。

家の中に本棚があるのかないのか。どんな本が並んでいて、どんなふうに暮らしの中で息づいているのか。それらは家庭の文化そのものであるとも言える。

「久しぶりにきりん館に行きました。中に入るなり一歳九か月の秋人が「もこもこ、よんで！」とパパに言っています。その姿を見て母は心の中でこっそりシメシメとほくそ笑むのです。四歳の由衣とは、母「これにしようか」娘「イヤ！14ひきがいいの」母「じゃこれは？」娘「これ、おばけやでー」と、母の好みの本には見向きもせず、自分の好みの本を三冊かかえています」（野々村尚美さん）

なぞなぞのようなこの会話。補足すると「もこもこ」は、『もこもこもこ』、「14ひき」は『14ひきのねずみ』シリーズ、そして「じゃこれは？」のこれは『ばけ

『もこもこもこ』（五八頁参照）

『14ひきのねずみ』シリーズ
いわむらかずお／作
童心社

『ばけものづかい』
せなけいこ／作
童心社

『さむがりやのサンタ』
レイモンド・ブリッグス／文・画
菅原啓州／訳
福音館書店

ものづかい』という絵本のこと。本をまん中において、親と子、父と母、それぞれが自分の内側に持っているものを響かせ合う。本だからこそできる深いコミュニケーション。こんな時間が積み重なって、こどもの中にも物語のある暮らしがしみこんでいく。

「遠いベルギーに住んでいる友達から、こどもへのおすすめ絵本があったら教えてというはがきが届きました。おすすめも何も、ずっと昔に読んだきりの絵本、うーん。すると、「ぼく『さむがりやのサンタ』が大好きだった」とうちの夫。早速本を買って帰ると「あー、これこれ！　サンタがぶつぶつ言ってるだろ。やっぱりこれおもしろいなぁ」と無邪気に喜んでいました。そんな夫を見て、私もポワンと暖かい気分になりました」（仲村公子さん『さむがりやのサンタ』）

人の心の奥深くしみこんだものは、長い時間の後に思いがけず顔を出すこともある。この絵本は、一九七三年に出され、次の年にはもう邦訳されている。こどもの頃に読んだ人がおとなになっていてもおかしくない。彼の中のぶつぶつ言うサンタはまた、ベルギーの家族をホワンとさせたかもしれない。

文化は家庭をベースにしながら、こんなふうにさりげなく、実は力強くひき継がれていく。こどもの本を読む力も知らず知らずのうちに育まれる。

4-3

家庭の日常生活で積み重ねられるものは、とても大きい

京都のノートルダム学院小学校では、例年二月の下旬にこどもたちの美術展を開いている。その最終日、教頭先生からぜひぜひとお誘いを受けて、はじめて見せていただいた。

会場正面の等身大のマリオネットが目に飛び込んでくる。鳥をテーマにしたモビール、和紙を使ったちぎり絵の絵本、ステンドグラス。どれもこれも力強い生命力にあふれていて圧倒される。「こどもの時にしかできない表現」と解説していただいたけれど、そのとおりだと思う。

「へえー、すごい」とか「おもしろい！」とか、とおりいっぺんの言葉しか出てこない自分を恥ずかしく思いながら、二年生の「ぼうし」のエリアにたどり着いた。

ピカチュウあり、角のついたローマの戦士ふうあり、一六〇個並んださまざまな帽子は、それだけで壮観である。と、私の目は、ひとつの帽子に吸い寄せられた。円筒形のそれは、金色に彩色され、縁には金細工のような飾りがつけられている。伝統芸能に疎《うと》い私から見ても、どうも能の被り物のように見える。小学校の二年生が作ったものにしてはシブすぎる。

作者の名字を見て納得した。彼は能を家業にする家庭に育つこどもだったのだ。

「どうしても、これじゃないといけないと言うんですよ」と先生。

同じ素材を使い、同じテーマに向かい、同じ先生にアドバイスを受ける。なのに、一人ひとりちがう。彼は〝これ〟を選んだ。こどもの中に日々培われているものが形になって表れていることが実によくわかる。

もちろん、能の冠が高尚で、ピカチュウが俗だと言いたいわけではない。それぞれの家庭の空気のようなものが、こどもの中に日々静かに溜まっていて、それが何かの働きかけを受けた時、内側から躍り出てくることがこんなにもはっきりとわかることに驚いたのだ。家庭で育まれるものの大きさをまた改めて思い知った。

誰でも知っているからつい例にあげたけれど、全体から見ればピカチュウは意外なほど少なかった。別の見方をすれば、圧倒的なメディアの攻勢にもかかわらず、ピカチュウよりも家庭の持つ固有の文化の方が芯のところでは強いとも言える。

本という文化の影響は、ここまで象徴的には表れないように見える。それは、思考のパターンであったり、使うことばの質だったり、感性だったりという表れ方になるので、わかりにくい。けれども注意深く見てみると、ふだんの家の中での本の位置や動き方までもが、こどもを通って伝わってくる。日常の時間に積み重ねられるものは、こどもにとってとても大きい。

4-4

なにげない働きかけがイメージする楽しさを贈る

見えないものを描く。イメージする楽しさを手に入れるには、ことばを使った日常的な働きかけが大切だと、私は考えている。絵本や読み物はその媒体としてとても優れたものだとは思うけれど、本という形にとらわれすぎると間違ってくる。イメージの楽しさを伝える働きかけのはずが、いつのまにか、本を読ませることにすりかわっていることがあるからである。形にしばられない豊かな働きかけは、むしろ日常のなにげないところにある。

瓜生山の山あいにある北白川幼稚園の園長先生から伺った話である。

この幼稚園は、緑に囲まれ、そこここにあじさいや野の花が静かに自然に生い立っている。ある日、新しく入園した三歳の男の子があじさいの花を摘もうとした。すると、それを見ていた先輩にあたる五歳の男の子が近づいて「あのな、それをとったら、そこの風景が変わるやろ」と言ったそうだ。花を摘もうとしていた子は、出した手をそっとひっこめた。彼が、風景が変わるなどということを理解したワケではないだろう。お兄ちゃん格の子のことばにただならぬものを感じて、伸ばした手をひっこめてしまったのだと思う。

「その、風景が変わると言った子のお父さんはね、版画家なんですよ」という園長先生の説明に心底納得した。

毎日の暮らしの中で、彼はお父さんからこうしたことばをかけられてきたにちがいない。父親にしてみれば、何かを教え込もうとしてではなく、いつもの自分のものの見方でこどもと接しているだけだと思う。だからこそなおさらこどもにはそれがしみて、自分が同じような立場に立たされた時、無意識に同じように相手に声をかけたのに違いない。

このお父さんの場合、「風景がこう変わる」と描いて見せているわけではない。「風景が変わるやろ?」と問いかけて、あじさいがひとつなくなったシーンを、彼なりにイメージすることを促しているだけである。どう変わるのか。もしくは変わらないのか。それは男の子次第である。彼は自分なりに、三つあるあじさいの花が二つになった風景をイメージしてみる。これまでのバランスは崩れ、新しい風景が彼の頭の中に出現する。

こうした働きかけを日常的に受けているうちに、彼のイメージする力は少しずつ確かなものになっていく。けれども、彼自身がそれを意識することはないだろう。彼にとって、それは空気を吸っているようなものだから。

こうした日常をベースにしているこどもには、本をイメージすることも、さして難しい作業ではない。イメージする日常が、本を読む、物語を楽しむ力の源になり、そしてその力がまたイメージの内容を豊かにする。

『これで安心0歳からの育児』
小西行郎／著
法研出版

『いないいないばあ』
（一三頁参照）

4-5 赤ちゃんだっていろんな絵を楽しみたい

赤ちゃんはまだあまりよく見えてないから、輪郭のはっきりした絵の方がいい。そう断言する人もいるが、そうだろうか。

確かに赤ちゃんの目は、ぼんやりとしか見えていない。「大人と同じぐらいの精度で立体感をとらえるのは生後六カ月ごろ、形や色を識別できるようになるのは、生後一年ぐらいたってから」だと言われている（『これで安心0歳からの育児』）。だからといって、輪郭のくっきりした絵しかわからないと決めつけてしまうのはどうだろう。人の顔、動物の形、自然のさまざまなフォルムは、くっきりはっきりしているものの方がずっと少ない。色だって原色に近い激しいものは日本ではめずらしい。

赤ちゃんはよくは見えないながら、じーっと見つめている。何かが動くと追いかける。そうやって少しずつ目の筋肉や神経が訓練され、おとなが思い描いているのと同じように見えるようになっていくのだと思う。

八か月のミナちゃんが手足をブンブン、うーうー声を出して喜んでいるという、赤ちゃん絵本の超定番『いないいないばあ』は、どう見ても輪郭のくっきりした絵ではない。この作品は、一九六七年に初めて出版されてから二〇〇〇年までの三三年間で発行部数は二八〇万部、シリーズでは一〇五〇万部を超えているとい

『おふろでちゃぷちゃぷ』
松谷みよ子／文
いわさきちひろ／画
童心社

『おさじさん』
松谷みよ子／文
東光寺啓／画
童心社

『いないいないばああそび』
木村裕一／作
偕成社

う。『いないいないばあ』の瀬川康男、『おふろでちゃぷちゃぷ』のいわさきちひろ、『おさじさん』の東光寺啓。みんなラインのぼんやりした絵ばかりだし、色使いもどちらかというと抑えたトーンで描かれている。それを見て赤ちゃんは手足をばたばたさせ、身を乗り出して喜ぶ。

　こうして読みつがれてきた多くの作品を並べてみると、輪郭がはっきりしているかどうかはあまり問題ではなさそうに思える。むしろ、どの作品も、ことばのリズムがいいことに気づく。目よりも早く、胎児の時代から発達している聴覚との関係でだろう。赤ちゃんたちは、心地よいリズムの方に反応しているのではないかと思える。とすれば、ゆっくりと発達していく視覚にとっては、むしろいろんなタイプの絵が必要だということになるだろう。

　同じいないいないばあでも、たとえば木村裕一の『いないいないばああそび』は圧倒的に絵が勝っている。太くて濃い輪郭、奥行きのない絵。刺激的ではあるだろう。しかしこうした絵ばかり、というのはどうだろう。

　赤ちゃんだからといって、絵本の絵がみんな輪郭のきついものばかりでは、おもしろくない。よく見えることだけが一番必要な刺激だとも思えない。ぼんやりとはしているけれど、何かが見える。ことばの心地よいリズムが、そのぼんやりとした何かをもっと見たい気持ちにしてくれる。どちらかというとそんな刺激の方がたいせつだと思う。

『1・2・3どうぶつえんへ』
エリック・カール／構成・絵
偕成社

『パターン・ブロック』
東洋館出版

4-6

「数字」も「文字」も遊びだよ

フーちゃんは、今数字にこっている。中でも2が特別気になって仕方がない。そう、もうすぐ二歳だし、お家はマンションの二階にあるからだ。お母さんが数字をひとつずつ書いてくれるだけで興奮してしまう。そこで『1・2・3どうぶつえんへ』をそばに置いてもらった。

本を開いたとたん、大きな機関車が出てくる。そしてページをめくるごとに、ゾウが一頭、カバが二頭といったぐあいに貨車で運ばれて行く。もちろん行き先は動物園。見開きまで数字がいっぱいデザインされている。最初から最後までページをめくっては、2のカバのところに戻り、「に、に」と指差して、お母さんにもこの興奮を味わってもらいたいと言わんばかりに迫ってくる。お母さんには単なる数字がどうしてここまでおもしろいのかわからない。でも、そんな彼を見るのがおもしろいので、はりきって絵本を開き、数字を書く。

数学はもちろん、算数と聞いただけで頭が痛くなる私でも、もしこどもの頃に『パターンブロック』に出会っていれば少しは違ったかもしれない。これは、色とりどりの同じ厚みの平たい積み木のようなもので、形や角度に数学的なしかけがあって、小学六年の学習にまで対応できるらしい。木製二五〇ピースのアメリカのベーシックな算数教材なのだが、三歳のあーちゃんにはそんなことは関係ない。

『アメリカワニですこんにちは』
モーリス・センダック／作
神宮輝夫／訳
冨山房

とにかく、いろんな形を作れるのがおもしろくて、積んだり崩したり、縦に並べたり横に並べたりしている。そのうち「いつまでやるの？」と言っていたお母さんにまで伝染してしまった。ふたりはただただ遊ぶ。数学が目や手を通して体に刻み込まれる。

アルファベットと出会う絵本はいっぱいあるが、『アメリカワニですこんにちは』は、ABCといっしょにワニさん一家の一日が進んでいく楽しい作品。ビデオ版では、キャロル・キングが歌にしている。児童図書館のビデオの会でこれを観たこどもは、すぐに歌えるようになって、絵本を見ながらふんふんと口ずさんでいた。アルファベットの意味はわかっていないし、覚えようという気もないけれど、楽しい歌だからうたっている。だからいいのだと私は思う。

小さいこどもとこうした数字や文字とのの関わり方には、極端なふたつの考え方がある。「小さいうちにそんなもの教えちゃいけない」派と、「いやいや、漢字だって教えれば覚える」派。そのどちらにも共通しているのは、こどもに教えるという発想である。こどもは何かを教え込まれて覚えるのではなく、自分から獲得していくのだ、と経験的にでしかないが、私は思っているので、どちらにも与したくない。無理やり教えるのでなければ、いっぱい楽しめばいいと思う。こどもにはそれが何だろうと、未知との遭遇。惹かれるものがたまたま数字だったり文字だったり色だったりするだけのことなのだから。

4-7 安心感がたっぷり詰まっている〝行きて帰りし〟物語

『指輪物語』
J・R・R・トールキン／作
瀬田貞二・田中明子／共訳
寺島龍一／さし絵
評論社

『ホビットの冒険』
J・R・R・トールキン／作
瀬田貞二／訳
寺島龍一／絵
岩波書店

行きて帰りし物語。『指輪物語』の前編『ホビットの冒険』のサブタイトルである。こどもの物語の基本はこのことばどおりだと思う。こどもが育つためには、どっしりとした安心感に浸れる場所がいる。それさえあれば、内なる生命の命ずるまま、こどもは広い世界に冒険に出かけられる。そして何かをつかんだら、それを携えて帰ってくる。

小さいこどものものも、もちろん例外ではない。その要素はもっとたくさん、それもはっきりとした形で必要な気がする。

三歳の奨くんが大好きな『まよなかのだいどころ』。ナンセンスなお話ながら、主人公はちゃんとあたたかいベッドに帰りつく結末になっている。真夜中、あんまりさわがしい音がするので、「うるさいぞ、しずかにしろ！」とどなったミッキー。落ちたところは、まよなかの台所の粉のボールの中だった。パン屋さんたちが、ミッキーを粉といっしょに混ぜたので、「ぼくをミルクとまちがえるな！」と憤慨。パンの飛行機を作ってミルクを探しに出かける。ミルクを見つけたミッキーが鉢に流し込むと、パン屋さんはかきまぜて練ってケーキを焼く。奨くんは、このシーンの「しあげはミルク、しあげはミルク！」のところがどこよりも気に入っている。「さあ、できました。ケーキがやけます！　これでいうことありませ

『まよなかのだいどころ』
『かいじゅうたちのいるところ』（一二八頁参照）
モーリス・センダック／作
神宮輝夫／訳
冨山房

『はじめてのおるすばん』
しみずみちを／作
岩崎書店

ん」この言葉とリズムに、彼は満足し安心するらしい。ページを開くや否や身体中でリズムを取りながら「チあげはミルク！」と歌いはじめる。

センダックの代表作『かいじゅうたちのいるところ』も、最後に帰ってくるところは寝室になっている。そこには、夕御飯がおいてあって、まだほかほかと温かい。安心の上にも安心な場面がここでもちゃんと用意されている。

それまで祖父母の家でゆったりと過ごしていた萌ちゃんの行きて帰りし物語。二歳と五か月で保育所生活を始めることになった彼女は、「おうちに帰るの！」と一か月余りも泣き続ける。そんな日々が続いたある日、先生が読んでくれたのが『はじめてのおるすばん』だった。この作品は、三歳の女の子がはじめて体験するおるすばんの話。萌ちゃんは、眉根を少しふくらませながら真剣に聞き入っている。絵本の女の子ははじめてひとりになった怖さ、萌ちゃんは大勢の知らない人たちの中で過ごす怖さ。場面の違いはあるけれど気持ちはわかる。そして最後は、お母さんがちゃんと帰ってくる。萌ちゃんは、ああ、安心したとばかりにほーっと息をついたのだった。

見知らぬ世界に出て行く勇気と、帰るところのある安心感。物語の中に、こどもはそれを見つけ、自分のところにもそれがあることを確かめると、ほーっと息をつく。

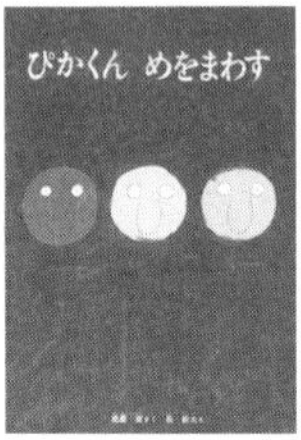

『ぴかくんめをまわす』
松居直／文
長新太／絵
福音館書店

4-8

おんなじ本ばっかり読みたがる。それは幸せなこと

こどもは同じ本をなんべんも持ってくる。おとなはつい「もう知ってるから違うのにしようよ」なんて言ってしまうけれど、それは大きな間違い。

そんなにも好きな本に、それも小さいときに出会えたのは、とてもすてきなことだと思う。お気に入りの本と過ごす時間は、こどもにとってはとりわけ心地良い、安心感たっぷりの時間。本を読んでもらう度にその安心感を味わうことができるのだから、こんな幸せなことはない。

二歳のとこちゃんのお気に入りは『ぴかくんめをまわす』。めずらしいことに信号機が主人公になっている。休むことなく動き続けるぴかくんだが、あまりの忙しさについに目を回してしまう。おかげで道路は大混乱。とこちゃんは、このところ毎日これを読んでもらわないと気がすまない。そして、読んでもらっている間じゅう息を詰めている。最後の「もうあんしんです。ぴかくんよかったね」というフレーズが終わると、小さな肩がほーっと下がるのがわかる。

こどもが同じ本を何度も読みたがるもうひとつの理由は、こどもの発達の速度にあるだろう。とにかくものすごい勢いで変化しているので、同じお話でも同じように受け止めているとは限らない。むしろ、日々新しい読み方をしていると考えた方がよさそうだ。

『だれのぼーる』
石川重遠／作
文化出版局

『カンカンカンでんしゃがくるよ』
津田光郎／文・絵
新日本出版社

『だれのぼーる』という絵本は、かれこれ三〇年も前から愛され続けている。あきちゃんは、一歳半の頃この本が大のお気に入りだった。オレンジのボール、きいろいふたごのボール……。「これ　だれのぼーる?」という展開の、この「ダレノ　ボール?」というのが言いたくてたまらない。だれのボールでもいいけれど、とにかく「ダエ　ノ　ボーユ?」という言葉そのものを言ってみたかったらしい。ところがひと月もすると、「ダレノ」ものなのかに関心が移り、出てくる言葉は「オサルサン　ノ。ワニサン　ノ」へと変わったのだった。

一歳七か月のふうちゃんが毎日持って来ていたのは『カンカンカンでんしゃがくるよ』。どうぶつ村のふみきりをいろんな電車が通る、ただそれだけのシンプルなストーリーを、のりもの絵本にしてはやわらかいタッチの絵が語っている。はじめの頃は、次々と通り過ぎる列車の中でも「こんどはとっきゅうれっしゃです」のページが大好きで、ここにくると嬉しそうに目を輝かせていた。ところが二週間ほど立つと、最後の「またあしたね」のページでとても悲しそうな顔をするようになった。今と明日がわかるようになったわけではないけれど、明日には目の前の電車が消えるという意味が込められていることに気づいたように見える。こどもは驚くほど早く自分に必要な情報を手に入れる。

同じ本ばかりを「読んで」と言われると、読む方は飽きてきておもしろくない。でもだいじょうぶ。こどもの変化に注目すれば絶対におもしろくなる。

4-9

こどもの本を選ぶだいじな時間

こどもの本を選ぶ時、たいていの人はその本を読むはずのこどもの顔を思い浮かべる。

「あの子は自動車が好きだから、自動車、自動車と……。でも、これはちょっと長すぎるかな。そうだ、いつも自動車の本ばかりだから、今日はちょっと変えて、動物の出てくるものに。まてよ、でも……」。頭の中はその子の顔でいっぱいになる。本を手にして目を輝かす顔。つまらなそうな、でもちょっと興味を引かれていそうな顔。いっしょに読んだ時の息づかいや笑い声まで聞こえる気がすることさえある。そして、手にした本とその子の顔が重なった時、これだ！　となるからおもしろい。

だから、「三歳の男の子なんですけど……」という類の相談があった時には、私は、こどもの顔を思い浮かべてもらえるような質問をする。いちばん上のこども？　それとも末っ子？　今好きなのは動物？　昆虫？　こわがりさん？　それともやんちゃ？　お家にはどんな本があって、これまでに好きだったのは何？　園で読んでもらっている本の中でのお気に入りは？

すると、うーんと考えながら少しずつその子の話をしてくれる。頭の中にはその子の顔が浮かんでいるはずである。そういえば、「この間、絵を見て、大声で勝

『キャベツくん』
『キャベツくんのにちようび』
長新太／文・絵
文研出版

手にストーリーを作ってたのはなんだっけ」とか、「『キャベツくん』を読んでブキャーなんて遊んでたな」とか、こどもの様子もわかってくる。こうなるとしめたもの。「じゃあ、こんどは『キャベツくんのにちようび』はどうでしょう」「はあ、続きがあるんだ。じゃあこれにしよう」といった具合に決まってくる。

時には、こどもが今のところ選びそうにないタイプ、分野のものを紹介することもある。もしかしたらこどもが内側に持っている意外なものを発見できるかもしれないと思うからだ。これも、実はこどもの今の姿を思い浮かべて考えないことには決められない。

こうしてこどもの顔を思い浮かべながら選んだ本はたいていの場合その子に喜んでもらえるけれど、時にはその子にヒットしないこともある。こどもが喜ぶ顔を見るのは誰でも嬉しい。喜んでもらえるに越したことはないけれど、そうでなくても十分に意味があると思う。

なぜなら、こどもの本を選んでいる時には、その子の顔を思い浮かべ、本という媒体を通してこどもを見ているからである。何を選んだか、その本がヒットするかしないか、いわゆる良い本なのかどうか、それは一番だいじなことではないと私は思う。本を選ぶ時間が、こどもを見る目を育てる時間になっている。そのことの方がずっとだいじだと思う。

4-10

健ちゃんは二時間かかって一冊の本と出会った

雪のちらつく二月のある日、健ちゃんがお母さんといっしょにやってきたのは、もう一八年も前のことになる。

四年生の健ちゃんは、本棚の間をウロウロするばかりで、一冊がなかなか決まらない。お母さんは黙って待っている。一時間、一時間半……。

「これにする」と、健ちゃんが『一休さん』をお母さんのところに持って行った時には二時間が経っていた。『一休さん』は寺村輝夫作の大きな活字の、一般に言う幼年童話である。お母さんは「読みたいのが見つかってよかったね」こう言ってほほえみ、健ちゃんは満足げに帰って行った。

それからひと月もしないうちに、今度はお母さんひとりで入ってきた。なにやら興奮気味である。

「ほんまにびっくりするわー。健ちゃんナ、この間、ここで『一休さん』もらったやろ？　あれからやねん。どんどん本を読むようになって、今、クラスで一番たくさん読むんやって。私も先生もびっくりしてるねん」

お母さんが、健ちゃんの小さい頃からずっといっしょに本を読み、お話をしてきたことは知っている。その下地があってのことではあるが、彼が読むおもしろさに目覚めたのは、二時間かけて自分の力で選んだあの一冊だった。

『一休さん』　寺村輝夫／文　ヒサクニヒコ／画　あかね書房

その一冊との出会いを作ったのは、お母さんである。あの時、お母さんが二時間待てなかったら、「四年生やのに、そんな字の大きな本?」などと言っていたら、ケンちゃんはまだ〝読む〟おもしろさを知らなかったかもしれない。

こどもには限らないが、これまでこんがらがっていたものが、どうかした瞬間にハッと解けるような感じがすることがある。その瞬間のひとつが、健ちゃんの場合『一休さん』だったのだろう。自分で選んだ本、お母さんもよかったねと言ってくれた本がこんなにもおもしろかった。自分で選んだという自信と、お母さんが認めてくれたという安心感に裏打ちされて、おもしろさは増幅されたに違いない。

こどもの本の特殊性は、こどもと、本の作り手のおとなとの間にもうひとりのおとながいることである。それは、親であったり祖父母であったり、先生であったりする。おとなの本はおとなが作っておとなが自分で選ぶ。何を選ぶかは自分で決める。こどもの場合はそうはいかない。もうひとりのおとなに依存して生きているからだ。それは経済的な理由からばかりではない。こどもの近くにいるおとなの考え方次第でこどものチョイスは肯定も否定もされる。

そのもうひとりのおとなのありようの大切さと怖さを、健ちゃんとお母さんはまざまざと見せてくれたのだった。

4-11 本を選ぶ目を育む

こどもを本の楽しさから遠ざけているとしたら、その要因のひとつは、おとなが思っている良い本病だと思う。こどもに多様な価値観を持つ作品を紹介することと、良い本という価値を認めさせることは違う。

「私も良い本病にかかっているなあと反省することが度々です。八歳の長男のために買った本『森はだれがつくったのだろう？』を、チラッと表紙だけ見て「いらない」なんて言われ、カッとなったり、それではと、いっしょに図書館に行けば、ディズニーアニメの『アラジン』なんて借りてガックリしたり……。（略）」（平出智子さん）

本の評価は、人の内面を外に出してしまうものだから、こどもとの関係ではとりわけ慎重さが必要だと私は思っている。おとなでも、自分の好きな本をつまらないと言われたら気分のいいものではない。「でも、いい」と開き直れるのは、それなりに自分の力で生きてきているからだ。こどもはそうはいかない。

『昔話の魔力』に登場する五歳の男の子の「おとなって巨人みたいだ」ということばが示すように、こどもはおとなの一面をちゃんと見ている。おとなは、自分を保護し受けとめてくれる反面、自分に覆いかぶさり、命令し、従うことを求める、抗いがたい存在であることも知っている。そのおとなの価値観に背くことは、

『森はだれがつくったのだろう？』
ウィリアム・ジャスパソン／文
チャック・エッカート／絵
河合雅雄／訳
童話屋

『昔話の魔力』（二一六頁参照）

『アラジン』
橘高弓枝／文
偕成社

自分の存立そのものをゆるがしかねない。だから、こどもはたいていの場合、表だっては逆らわない。できる限りがまんして、おとなに合わせようとする。それがこどもの生きる術でもある。

だったら、せめて、生命にかかわることのない「本を選ぶ」場面では、もっと全面的にこどもの意志を受け入れてもいいのではないかと思う。

まずは「いらない」という彼のことばを、ちょっと引いて考えてみる。今、彼は『森はだれがつくったのだろう?』という絵本を「いらない」と思っているという状態なのだと。もし、この本を彼のために買っていなかったら、「いらない」という意志表示はなかったはず。森に興味がなかったのか、装丁が気に入らなかったのか、本など読む気分ではなかったのか。それはわからないけれど、とにかくその時、彼はその絵本を読みたくはなかった。少なくともそのことはわかったわけだ。そして、彼がそういう意志表示をしたことを評価する。お母さんの喜びそうなことなら何の抵抗もなく言えただろうけれど、そうではないことをはっきりと告げた。それはとても勇気のいることなのだと。コミュニケーションは、プラスの意志表示だけで成り立つのではない。むしろ、マイナスの意志表示こそ必要だ。だが、それが難しい。それはまた、互いに安心な関係にあるからこそできるのだという評価も成り立つ。

大切なのはこどもの選ぶ目を育むことで、良い本を読ませることではない。

4-12

こどもを本から遠ざける〝良書〟コール

こどもの本はこどももおとなも楽しめる。それこそが良い本だと言う声はこどもの本の周りでは依然として強いけれど、それはこどもの本の特質であって良い本の条件ではない。

そもそも良い本というレッテルはこどもには意味がない。おとなは善意から、または商業的な戦略から良い本というレッテルを貼りたがる。おとなの視点で選ばれたものでしかないそれが、こども読者を本から遠ざけることはあっても、本質的に引き寄せることはまずない。しかし残念ながら、前掲の『子ども一〇〇年のエポック』で指摘されているとおり構造的なものなので、なくなることはないだろう。

著名な人たちのこども時代の読書体験をみると、強く印象に残っているのが良書と呼ばれる作品ばかりとは限らない。大衆娯楽小説のようなものも少なくない。たとえば映画監督の山田洋次さんは、『少年講談全集』を挙げている。「子ども向きの古典というべき翻訳ものは買い与えられていたが、講談ものなどは決して許されないというのが私の、というより当時のサラリーマンの家庭のモラルのようなものだったから、親にかくれて『少年講談』を読むことには、罪のにおいのするあやしげな魅力があったものだ」と告白する。そして「ひょっとし

『こどものとき、この本と出会った』（九三頁参照）

『子ども一〇〇年のエポック』（四三頁参照）

『少年講談全集』大日本雄弁会講談社

たら、私の貧しい教養の、その大きな部分は、親や教師の目をのがれて夢中で読んだあの講談本から得たものではないか、と近頃考えることがある」と書いている。（『こどものとき、この本と出会った』）

こう言われてみると、寅さんの底に流れているものに思い至る。いわゆる良書ばかりが糧になるとは限らないし、何が糧になったかはふりかえってみないとわからない。その山田洋次さんには、おとなの良しとするものからはずれた読書に「罪のにおいのするあやしげな魅力」を感じるたくましさがあった。

今、こども読者は山田監督がこどもだった頃とは比べようもないほど緻密でひんぱんな良書コールの前にいる。良い本といわれるものが少しもおもしろくなかったこどもは、無意識に自分は良い本が読めないのだと思い込むだろう。おもしろいと思う作品を、「こんな本ばっかり……」と否定された時には、深いところで自分をおとしめ、自信を失うことになるかもしれない。

こどもは確かにたくましい。だからといって誰もが良書コールを「罪のにおいのするあやしげな魅力」に変えることができるとは限らない。できなかったこどもは本を読むことから遠ざかる。たくましさは、本から遠ざかって身を守ろうとするたくましさとして発揮されるような気がする。おとなの仕事は、良い本をすすめることではなく、こどもの目を信頼して、彼らの前にできるだけ多様な価値観の作品を広げておくことではないだろうか。

4-13

文章が読めるようになるにはいくつもの階段がある

『ぶたのたね』（七八頁参照）

『はじめてのおつかい』
筒井頼子／作
林明子／絵
福音館書店

読書ということばからイメージされるのは、多くの場合「活字で表現された書物を読む」姿である。「字が読めるようになったのだから、自分で読みなさい」と言うおとなも少なくないけれど、字が読めるところから文章が読めるところまで至るには、いくつもの階段がある。

五歳の陽太くんの『ぶたのたね』読書体験は、そのことをはっきりとゆかいに教えてくれる。（一六一参照）

四歳半になった千尋ちゃんも似たような事をしている。彼女は、最近字が読めるようになった。それがおもしろくてたまらないものだから、幼稚園の先生のまねをして双子の弟たちを座らせて、〝読み聞かせ〟をはじめる。

「ハ、ジ、メ、テ、ノ、オ、ツ、カ、イ……」そして一瞬の間を置いて、「はじめてのおつかい」ともう一度やる。「ア、ル、ヒ、マ、マ、ハ……」（間）「あるひ、ママは」といった調子である。音声多重というか、衛星中継状態というか、時間差のある読み方になってしまう。それでも、弟たちはお姉ちゃんの迫力に押されて、辛抱強く聞いているからおもしろい。

千尋ちゃんは、絵本の文字を懸命に追う。文字のひとつひとつを読んでいくのだ。それがひとつの塊になった時、彼女の頭の中には、前にお母さんに読んでもらっていた時の記憶がよぎる。そこでひと塊のことばとして、もう一度音にする。一瞬の間は記憶と文字の塊を重ね合わせる時間だろう。

耳から入っていた「あ」という音は、「あ」という形の記号で表されている。それがわかるのが字が読めるということである。ひとつひとつのその記号は複雑に組み合わされて、こんどはいろいろなものを指す単語になる。あいうえおの本の次のことばの本は、組み合わさった文字＝単語がひとつの物を指すことを教えてくれる。この単語に「は」や「を」や、「ある」や「ない」がくっついて文章になる。この文章をいっぱい集めたものが本である。

文字という記号を情報として受け取ったとしても、それを意味のあるものとして脳が高速処理しないことには、文章は動き出さない。それができるようになるには、何度も何度も同じ流れを繰り返して、慣れる必要がある。おとなは、ずーっと昔にこの段階を通り越してしまっているので、大変さを忘れているけれど、こどもにとっては、いくつもの階段を登っていかなければならない大変な作業なのである。

拾った字を塊にしてもう一度音にする。その時生きてくるのが、それまでに聞いてきたことばの記憶。新聞記事をわかりやすく話す、日々の出来事をひとつのまとまったお話にする、そして声に出して本を読む。おとなにできる手助けは、こども自身が「もういい」というまで〝ものがたり〟続けることだと思う。

4-14

絵のない本も楽しめるようになるには

「ご相談なんですが、小五の男の子のことです。以下小二の女の子、年中の男の子がいます。今だに絵本が好きで、本を買いに行っても、絵のない本は買いません。読むことは好きなのに、絵本やコミックです。幼児期に下の子がいたため、なかなか読み聞かせができなかったこともあるかもしれません。また、寝る前に読むことが多いのですが、睡眠時間を考えて寝るように催促するからかも……等、親としての反省点もありますが、もう五年生なんだから少しは、長い一冊の本を読み切って欲しいなと思うのです。このまま大きくなっていくのでしょうか？興味のある本が見つかれば変わっていくのでしょうか？（略）」

心の底からおもしろかったと思える本に出会えたら、変わるかもしれない。しかし、人間の脳の構成がそうなっている以上、ビジュアルなものに惹かれる傾向は避けられないのではないかと思う。

絵本やコミックスはビジュアルなメディアである。絵本は、文章がついているという点では読み物とつながるけれど、絵が主体の表現方法だという点ではコミックスに近い。絵本と読み物は重なるけれど、別の表現方法だと考えたい。

活字ばかりの本を〝読む〟作業は、絵の力を借りずにことばで表現されたものをイメージするということである。それが楽しいと思えるようになるには、日常の

『どうぶつはやくちあいうえお』（六〇頁参照）

『冒険者たち』斎藤惇夫／作　藪内正幸／画　岩波書店

中で、イメージすることに慣れる必要がある。おとなが一方的にしゃべる、読むということではなく、こどもとことばで遊ぶという姿勢でイメージする楽しさを届ける。たとえば、お風呂や車の中で、今日のできごとを話してもらったり、話したり。ことばの塊の行き来を楽しむ。こうした小さな積み重ねが、絵に頼らず本を読むことのベースになる。

寝る前に読む本の内容にも、ひと工夫したい。詩や『どうぶつはやくちあいうえお』のようなことばあそびの本からはじめて、短い物語に移ることも対象が五年生ならまだできる。絵本は読書のはじまりという迷信を捨て、本にこだわりすぎないことばの働きかけを心がけたらどうだろう。私の経験からすると、聞いていないようでも、こどもの耳は人の声には確実に反応する。

ちなみに私は、こどもたちが一歳の頃から、絵本ばかりでなく小さなお話をし、宮沢賢治やトルストイを読んでいた。内容を少しは理解していたのか、音として楽しかったのか、読んでくれることに充足していたのか、その両方だったのか。とにかくみんな楽しみにしていた。三歳くらいだった末娘が、あの分厚い『冒険者たち』をびっくりするほど覚えていたのも印象に残っている。

聞くことに慣れてしまえば、こどもはおとなが思っている以上に長いものでもそれなりに楽しむことができる。物語を理解するという点でも、こどもは測りしれない力を秘めている。読む力の基は、聞くことだと私は思っている。

4-15

読まないこどもが言い当てた本の本質

『脳のなかの幽霊』
U・S・ラマチャンドラン／著
サンドラ・ブレイクスリー／著
山下篤子／訳
角川書店

NHKのクローズアップ現代で、「こどもが本を読まない」というテーマが取り上げられていた。「どうして本を読みたくないの?」という質問に、四年生くらいの男の子がこう答えた。「ゲームは次々と何か出てくるけど、本は自分で想像しないといけないから、つまらなくなって途中でやめてしまう」

なんてまっすぐに本質に迫るんだろう。こどもは自分が本を楽しめないわけをちゃんと知っているのである。ほんとうに「こどもが読まない」とすれば、そのいちばん大きな理由は、こども自身のこの答えに尽きると私は見る。彼は、イメージする訓練が不十分だと言っている。訓練と言うのが適切でなければ、慣れていないと言い換えてもいい。『脳のなかの幽霊』で、ラマチャンドラン博士が言うところのインクの「のたくり」=活字という信号を頭の中で処理し、描き出すことに慣れていない。だから、読むことが楽しめないと言うのだ。

確かに、ゲームはイメージする必要がない。あらかじめ設定されたイメージの範囲の刺激に半ば反射的に反応しているにすぎない。その反応に対して、プログラムされた画面は次々と目先の変わったイメージを返してくれる。楽しいといえば文句なく楽しい。なんともラクチンな、本を読むこととはまったく違った次元の楽しさがヒトをとらえて離さない。

『三びきのこぶた』
イギリスとアイルランドの昔話
瀬田貞二／訳
山田三郎／画
福音館書店

片やイメージすることはといえば、やっかいこのうえない。体験をベースに、見たこともないものや、目の前にないことどもを、自力で頭の中に描いていかなければならない。

三歳半の颪太くんは、寝る前にはいつもお母さんにお話をしてもらっている。ある夜、お母さんが、「あるところに三びきのこぶたがいました。こぶたたちはずいぶん大きくなったので、お母さんと別れて暮らすことになりました」と話しはじめたとたん、半ベソをかいてこう訴えた。「フータはお母さんとはなればなれになるのは、イヤなの」「そう？　フータは小さいけど、こぶたさんたちは大きくなったから、お母さんとは別々に暮らすことにしたんやって」「フータはさみしいからイヤ！」ほとんど毎日お話を聞いてる彼でも、描けるイメージは、大きくなるといえば身体が大きくなるというほどのことでしかなく、別れて暮らすということばは、耐え難い不安を誘うものだったのだろう。必死の抵抗でお話が前に進まないので、お母さんは、ひとまず、大きくなってもお母さんといっしょに暮らすということで決着させた。お話が再び進みはじめると何のことはない。大喜びで聞きながら幸せそうに寝入ってしまった。

イメージする力を育む即効薬はない。お話を聞く、本を読む時間を積み重ねる。楽しく根気よく……そうして、いったんこどもがその力を自分のものにした時、本は自由なイメージに満ちた大きな世界となって、彼の目の前に広がる。

4-16

時間を超えてよみがえるこどもの頃の本の記憶

こどもの頃に親しんだ本の中には、時間を超えてよみがえるものがある。それは古典、定番と呼ばれるものに限らない。自分の記憶の中に深く埋め込まれていて、おとなになってどうしてももう一度会いたくなるものもある。

「さっそく手に入れた復刻版『よかったねネッドくん』を読み、やはり話が面白かったことにホッとして、いま格別に美味しいお茶を飲んでいます。まず〝ネッドくん〟だと思っていたのが〝ネッドくん〟だったことにかるいショックを受け、カラーと白黒の使い分けなどはまったく記憶にありませんでしたが、「ああ本当によかったなあ」「あちゃ～たいへんだあ」の連発に完璧にやられました。（略）一通の手紙から始まる雨天炎天ストーリー、私自身併記の英語も読める歳になりましたしたいへん満足いたしました。こんどは『いたずらこねこ』を探しに行きます。（畠山泰英さん『よかったねネッドくん』）

人間の記憶はあてにならない。あてにはならないが、どこかの何かがささっている。その何かを手がかりに、小さい時の自分、今の自分がこんなふうに往き来するのは楽しいものだ。

「絵がとても印象的だったこと。また、ひとりでお買い物に行くというストーリーが自分のことのように感じられたこと、そして何より本を読んでくれた声がと

『よかったねネッドくん』
チャーリップ／作
やぎたよしこ／訳
偕成社

『いたずらこねこ』
クック／文
シャーリップ／画
間崎ルリ子／訳
福音館書店

『ぶたぶたくんのおかいもの』
土方久功／文・絵
福音館書店

『白クマそらをとぶ』
いぬいとみこ／作
津田櫓冬／絵
ポプラ社

てもおもしろかった。「ぶたぶた　かあこお　ぶたぶた　かあこお　くまくま　どたじた　どたぁん　ばたん……」今でもこれだけは覚えています」（縄田玲子さん・四歳頃の記憶『ぶたぶたくんのおかいもの』）

読み手の声とともに、二〇年も経った今よみがえる。絵本の〝絵〟が印象的だったこと、自分のことのように感じられるストーリーだったこと、こどもという感性は鋭く作品の本質をついている。確かに土方の絵は個性的だし、ひとりでおかいものに行くという体験には、四歳という年齢がふさわしい。

「小学校中学年の頃に『白クマそらをとぶ』というのと『アリになったゾウ』（『ゾウになったアリ』かな？）というのを読んで、すごく好きだった記憶があって、本屋さんで探したりしているのですが見つけられません。題名も確かではないし、出版社などもちろん覚えているはずもないので……」（森崎志麻さん）

どこかが記憶に残ってはいるけれど、もう出会えない本もある。けれど、たとえその本に出会えなかったとしてもこんな記憶が残るようなこども時代を過ごせた人は幸せだと思う。

4-17

絵本の魅力は画面にある

『バムとケロのさむいあさ』（三〇頁参照）

『14ひきのひっこし』
いわむらかずお／作
童心社

絵本の魅力はまず絵の魅力だろう。描き込まれた絵の細部が読者を捉えて離さないタイプの作品のひとつに『バムとケロ』のシリーズがある。

「今『バムとケロ』シリーズにこっている四歳の啓介は、夜寝る前には、四冊あるシリーズを全部読まないことには納得しません。『バムとケロのさむいあさ』では、かえるのケロが、トイレットペーパーをそこいらじゅうのものにまきつけてミイラごっこをしている画面のあちこちに、「ほら、みて！　ドーナツにもトイレットペーパー、まいてある」小さな発見をしては得意げに指を差します。こどもってよく見てますね」（山本亜希さん『バムとケロのさむいあさ』）

ていねいに描き込まれた画面のそこここに小さな秘密が潜んでいる。その秘密を探りあてる楽しみは、絵本ならではのものだと言える。

『14ひきのひっこし』を手に、「この本、カバーと表紙の絵がちょっとだけ違ってるの知ってる？」と、いささか興奮気味に教えてくれたのは、こどもではなくて、若い女性の読者だった。なるほど、カバーをめくると、表紙のシーンから少し時間が進んでいる。出発前だったみんなが、表紙では出発している。中にひとりだけ忘れものを取りに帰っている子がいる。ここもちょっとしたお話になっている。カバーと表紙の微妙な変化は、この絵本の絵本らしさを強調するものになってい

『これしってるよ　のりもの』
石田光男／絵
文化出版局

『かようびのよる』
デヴィッド・ウィーズナー／作
当麻ゆか／訳
徳間書店

るが、ストーリーはシンプルなもので、ごくごく細かく描き込まれた画面に特徴があることに変わりはない。一四ひきのねずみたちそれぞれの、表情、服装、行動のパターン、背景になっている自然は、現実の汚い部分をそぎ落として仕上げている。その美しさに魅せられた人には、心やすらぐ世界であろうし、そうでない人は甘ったるくていやだということになろう。

「一歳の息子、雄大《ゆうた》が気に入ってしまって買いました。水彩画のようなやさしい色あいと絵の正確さが大変よいと思います。雄大は、毎日かかさずこの本を持ってきて、よんでくれとせがみます」（白石さん『これしってるよ　のりもの』）

この作品は、文字のない絵本。絵がすべてを語っている。カラフルに描かれた画面そのものにストーリーがある。この読者は、画面の「やさしい色あいと絵の正確さ」に惹かれているのだ。

同じように、画面そのものを楽しむ『かようびのよる』『旅の絵本』なども、絵本というスタイルを目いっぱい使った絵本らしい絵本だと言えるだろう。

絵の細部を楽しむか、大胆な色使いに惹かれるか、絵が語るストーリーに心を寄せるか。それは、読者次第なのだけれど、絵本の持つ魅力のいちばん大きな要素が画面にあることはまちがいない。

4-18 ページをめくる楽しさ

絵本の魅力のひとつはページをめくる楽しさにある。めくるという作業で現われる変化を楽しむのである。

その典型は『いないいないばあ』だろう。最初のページでは隠れていたものが、めくることで現われてくる。いったい誰なのかわからなかった顔は、めくるという動作ひとつでクマになる。この絵本の場合、四ページごとに物語は完結している。クマからキツネ、ネズミと主人公が変わってリフレインし、連なって、動物たちとふうちゃんの物語になる。二か月の赤ちゃんでも、表紙が見えると何か言いたそうに目が輝き、ページをめくる動作に確かに反応する（一一三参照）。めくることで現われる「目」に、興味津々というところだろうか。月齢が上がれば上がるほど、声を上げて笑ったり、ページをめくろうとしたり、能動的に読もうとする。このバリエーションはいくつもあって、想定している読者の年齢が高くなるほど絵やテキストの構成が複雑になる。絵そのものがもう少し複雑になる『かくれんぼ』や、鳴き声遊びも組み込まれている『ぴんぽんだあれ』など、挙げ始めるときりがない。

「まっ白なきれが、ミシンカタカタとワンピースになり、それが花もようになったり、ことりのようになって空をとんだり、とっても楽しく変化します。三歳の

『いないいないばあ』
（一一三頁参照）

『かくれんぼ』
たむらたいへい／作
戸田デザイン研究室

『ぴんぽんだあれ』
あまんきみこ／作・絵
上野紀子／絵
ポプラ社

『わたしのワンピース』
にしまきかやこ／文・絵
こぐま社

『なにかしら?』
いなばゆう／作
ヨゼフ・ウィルコン／絵
セーラー出版

『かお』
N・メッセンジャー／著
フレーベル館

『ぶたイヌくんってなんてなく?』
（三九頁参照）

息子は、ラララン、ロロロンとうたいながら、楽しそうにページをめくっていくのですが、私もついくちずさんでしまいそうな絵本です」（萬木恵子さん『わたしのワンピース』）

『わたしのワンピース』も、めくるという機能をとてもうまく使った作品である。目論見どおり、読者はめくる動作を積極的に楽しんでいる。

しかけ絵本やポップアップ絵本は、この、めくるという機能をバリエーションさせていると考えるといい。めくりしかけ絵本はそのままのネーミングだし、つまみひき絵本は、平面的にめくるという行為だろう。ポップアップは、ぐんと立ち上がる驚きを特徴にしているが、めくる動作なしにこのとびだすおもしろさには到達できない。たとえば『なにかしら?』『かお』は、一ページを三つに分割してあり、上下、上中下の組み合わせの妙を楽しむしかけになっている。これも、めくる機能をうまく使った作品である。『ぶたイヌくんってなんてなく?』は、画面が二つに分割されていて、しかもポップアップになっている。めくる動作、とびだす意外性、それに加えて読み手が泣き声を作って楽しむぜいたくな読者参加型の絵本である。

絵本の絵は、初期の頃の挿絵としての位置から、今では主役に踊り出ている。そして、エリック・カール、ルーシー・カズンズ、島田ゆか、荒井良二といった作家たちは、絵本の特性を知り尽くした作品を次々と生み出している。

4-19

カフカは作品に挿絵をつけさせなかった!

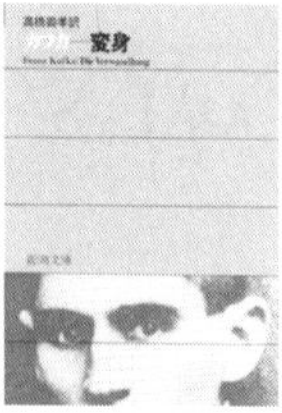

『変身』
カフカ／著
高橋義孝／訳
新潮社

絵は、頭の中のイメージを一瞬のうちに固定してしまう。具体的なものでなくても絵によって作品の雰囲気は大きく変わる。

カフカは作品に挿絵をつけさせなかった。なぜカフカは挿絵をつけさせなかったのか。私にはよくわかる。それはこんな体験があるからである。

私が彼の代表的な作品『変身』を読んだのは中学生の時だった。この時からずーっと私の中では、主人公グレゴール・ザムザはイモムシに変身してベッドに横たわっていた。ところが一五年ほど経って読み直してみると、いきなりこう書いてある。

「ある朝、グレゴール・ザムザがなにか気がかりな夢から目をさますと、自分が寝床の中で一匹の巨大な虫になっているのを発見した。彼は鎧のように堅い背を下にして、あおむけに横たわっていた」

え、ちょっと待って。〝鎧のように堅い背〟ってどういうこと? イモムシじゃなかったの? 私のイメージとちがうじゃない。こんなにはっきり描かれているのにどうしてイモムシだと思いこんでいたんだろう。大きな衝撃だった。

もちろん、私の場合はおおざっぱな読み方からきた思い違いだったが、そこに〝鎧のように堅い背〟のあるムシの絵があったら、こんなことはなかったと思う。

そこで『変身』の冒頭の部分を読んで浮かぶイメージを何人かに聞いてみると、カブトムシからムカデまでひとりひとり違っていて、それぞれが自分のイメージに強い愛着を持っていることがわかった。

ザムザがイモムシだろうがカブトムシだろうが、それは読み方によってはささいなことでしかないかもしれない。が、私の場合、ぷにゅぷにゅしたイモムシは気持ち悪くてさわれないけれど、甲虫ならつかむことはできるというほどの差がある。ザムザがイモムシか甲虫かは、変身した彼の存在をどうとらえるかという点で、ずいぶん大きな違いなのである。

新潮社版『変身』のあとがきによると、カフカは出版社が扉絵をつけようとしたことに驚いて、「それだけは駄目です。それだけはよくありません」「昆虫そのものを描くことはいけません。遠くのほうからでも、姿を見せてはいけません」と強く懇願する手紙を出している。絵にしてしまうと、彼自身の描いているイメージとは違ったものになると思ったからだろう。それは、ことばで表現しようとしたものが挿絵によって狭められることを嫌い、読者の自由なイメージに委ねたいと思っていたからではないか。

私のイメージはとんでもないものだったけれど、読者が自由にイメージするという点ではカフカの意図に沿っていた。これを逆の方向から見れば、絵の力は大きく、読者のイメージを限定するということがわかる。

4-20

「本の中で、ぼくは映画を作るんだ」

物語の魅力は、ことばだけで綴られた世界のすべてを、読者が自分のイメージで創り上げるところにある。つまり、読者は自分の頭の中で創る映画の監督なのだ。キャスティング、背景、テンポ、音楽、効果音、衣装、その他諸々の設定のすべてを自分が決める。原作を読んでから映画を見るとがっかりすることが多いのは、自分が創り上げた世界と、目の前の映画とのギャップが受け入れられないからだと思う。

映画は監督のイメージした世界の具現化である。かつての角川映画のコピー「読んでから観るか、観てから読むか」ではないけれど、本が先か、映画が先か。シチュエーションの違いで読者＝鑑賞者の受けとめ方はまったく変わってくる。

先に原作を読んでから映画を観ると、たいていの場合「なにか、どこか違う」と思う。自分のイメージどおりの世界が現れることはめったにない。登場人物たちの顔や身体つき、話し方や声、身につけているもの、そして風景まで、しっくりこないことが多い。

たとえば『モモ』。映画のモモ役の女の子は充分可愛いのだが、私の中ではあんなにきっちりした可愛さではなくて、どっちかというとだらしのないほどゆるんだ雰囲気でなくてはならなかった。いくら映画は監督のものだから別、と自分に

『モモ』（九〇頁参照）

『少年時代』三部作
マルセル・パニョル／作
佐藤房吉／訳
評論社

『砂の器』上・下巻
松本清張／著
新潮社

言い聞かせても、やっぱり私のモモは私のモモでないと納まらない。

もちろん、映画化されて作品の世界がぐんと広がったものもある。『少年時代』を映画化した『マルセルのお城』は、プロヴァンスの山々、あの時代を描いて秀逸だった。風景はイメージよりずっと美しく壮大で、家族の空気は明るくユーモラスだった。『砂の器』も衝撃的だった。それは、私という読み手と監督のイメージが近かったということになる。

逆に、映画を観てから原作を読むと、演じていたスターたちが頭の中で動いてしまう。登場人物たちの顔がブラッド・レンフロだったりスーザン・サランドンだったりする。背景や小物まで映画の画面に左右されることもある。それだけスクリーンの〝画〟の力は大きいということである。

と、ここまで書いてきて、上野の国際こども図書館の特別展示の解説の中に、一四歳のこどものこんなことばを見つけた。「ぼくは、テレビよりもパソコンよりも本が大好き。なぜって、本の中で、ぼくは映画を作るんだ。ぼくは、登場人物や場面の自由な監督。テレビじゃもう全部できあがっていて、何も替えられないもの」（アレックス・アビラ　江崎桂子／訳）（コロンビア、ラファエル・ポンボ図書館館長、クララ・アルベラエスさんからのメッセージより）

やっぱりこどもはすごい！　物語の本質を見抜いている。

『ちびくろさんぼのおはなし』
ヘレン・バナーマン／作・絵
なだもとまさひさ／訳
径書房

4-21

『ちびくろさんぼ』でわかる絵本の絵のこと

一九九九年に径《こみち》書房から原書の邦訳版『ちびくろさんぼのおはなし』が刊行になった。サイズもイラストも内容も、バナーマン自身のオリジナルを尊重して邦訳紹介されたのは初めてのことである。

たいていの人がイメージする『ちびくろさんぼ』は、岩波書店から「岩波子どもの本」シリーズの一冊として刊行されていた作品だと思う。だから、「え、『ちびくろさんぼ』って、あの赤い表紙の絵本じゃなかったの？」というのが、大方の反応である。岩波版は、アメリカでリライトされたものの邦訳で、二つお話が入っていた。そのひとつが、有名な〝トラがバターになる〟話。一話目はドビアス、二話目の挿絵は漫画家の岡部冬彦だったということも一般にはあまり知られていない。

一〇年以上前、その岩波版『ちびくろさんぼ』が絶版になる騒動の頃から、私はこのイラストがバナーマンによって描かれたものではないことに違和感を覚えていた。当時の『よもよもつうしん』にささやかな特集を組んでそのことを書いた。もし、原書の絵のまま邦訳紹介されていたら、これほど日本に定着しただろうか……と。納得できなかった私は、岩波版絶版のあとも、原書を並べ続けたのだが、「これが〝さんぼ〟？」と意外そうに手に取る人が多かった。

「あの愛らしいサンボのどこが差別よ！」と絶版に反発する元気のいいグループが、絵を日本人イラストレーターに描かせて出版したものは、私には受け入れがたい。「サンボが男の子だから問題なので、イヌにすればいいんだ」とばかりの作品を出した出版社もある。その質たるや、やれやれ。しかし、それは好みの問題なので、それはただ私の好みではないというほどのことでしかない。

問題は、絵本という表現方法が、何で成り立っているかという点だ。絵本は、絵と文章でできあがっている。絵と文章が互いに響きあってひとつの世界を作っているものがほとんどだが、絵だけがあって、それがすべてを語っているものもある。ページをめくる。絵がとびこんでくる。絵抜きに絵本は語れない。

その絵本の絵を勝手に取り替えてしまう。バナーマンの原書が著作権という意識が低かった時代の作品だからといって、そんなことは許されないと私は思う。法律的には問題がないとしても、その制作姿勢には大いに問題がある。ただ売れればいいという商業主義。オリジナルでもないのにオリジナルのようなふりをする厚顔。原作者を踏みにじって動じない心根。こどもの本の世界ばかりが清く、正しいはずがないことは知っているけれど、こうした流れは悲しい。

やっとバナーマンが自分のこどもたちに描いた、バナーマン自身の絵による『ちびくろさんぼ』が登場した。絵本の絵の重みを背負って『ちびくろさんぼ』の日本での歩みは始まったばかりである。

4-22

『さんぼ』を差別や時代の話のきっかけにする

絵本の絵の力について『ちびくろさんぼ』を例に挙げて書いた。絵本の絵の力は大きいから、さんぼが例のかわいらしい作品ではなくて、原書の絵のままで出版されていたとしたら、日本であの時、あれほど普及しただろうかと。

するとSさんから、それはわかるが、どうしても差別問題が気になると書いた手紙がきた。

「(略) 昔、誰かが書いていたセリフに、はっとしたその瞬間のいたさが忘れられず、私にとってこの本はぬけないトゲのようです。『たった一人でも世界の子どもの中の誰かがあきらかにこの本を読んで傷つくであろうとわかっているならば、出版することはないのではないか。〝サンボ〟とは、日本の子ども達を〝イエローちゃん〟という呼び方をしたのと同じニュアンスで聞こえるのだ』と読んだことがあるのです」

しかし「たった一人でも世界の子どもの中の誰かがあきらかにこの本を読んで傷つくであろうとわかっているならば、出版することはないのではないか」というのは、暴論ではないだろうか。本であれインターネットであれ、外に向かって働きかけるものは例外なく人を傷つけると考えた方がいい。というのは、その読み方、受けとめ方はあくまでも読み手に委ねられるからだ。ひとりも傷つかない媒体などありえないと私は思っている。善意の悪意、悪意の善意。媒体は受けとめる人のありようによって白くも黒くもなる。

彼女はまた、フランス人形のような自分の娘とさんぼの描き方があまりにも違いすぎると憤る。娘への愛情はわかるが、だからといって「娘を喜ばせるために他のこどもをおもしろおかしく表現する」バナーマンの人間性が許せないとも言う。このフランス人形のような絵は別の作品のことで、絵本としては成功していないので、どんな形ででも邦訳されたことはない。フランス人形のような絵が美しく、さんぼが醜いというのはひとつの見方にすぎなくて、現に田島征三さんは、さんぼの絵の方が生き生きと描けていると書いていた。(雑誌『月刊絵本』すばる書房)この評価に立つと、バナーマンの人間性は問題にならなくなる。

バナーマンを弁護することになってしまうが、どうあがいても所詮人は時代の子。ついこの間の大地震の救援にさえ、さまざまな形でカースト制度が障害になっているインドという国。彼女の生きた当時はイギリスの植民地だった。まして軍医の妻という立場では、現代のような価値観を持つことはできなかったに違いない。もし私がバナーマンと同じ立場にいたとしたら、確実に時代の価値観の中に埋没してしまっていただろう。

一世紀を生き延びた『さんぼ』。好き嫌いや評価は別として、その生命力には驚異を感じてしまう。

4-23

『ちびくろサンボ』メモ

『さよならサンボ』
エリザベス・ヘイ／著
ゆあさふみえ／訳
平凡社

『ちびくろサンボよすこやかによみがえれ』
灘本昌久／著
径書房

〝さんぼ〟の歴史は、『さよならサンボ』『ちびくろサンボよすこやかによみがえれ』など何人もの人がさまざまな立場から本にしている。詳しくはそれらを読んでいただくとして、これらを参考に、ごくおおまかに整理しておこう。

一八九八年（明治三一年）　ヘレン・バナーマンは、インド駐留イギリス軍の軍医の妻であった。こどもたちを残し、夫のもとに向かう列車の中で『サンボ』のストーリーを思いつき、手づくりの絵本にしてこどもたちに送った。

一八九九年（明治三二年）　これを見た友人が出版をすすめる。最初はしぶっていたヘレンもやがて同意。その当時としてはめずらしい、こどもの手のサイズにしてイギリスで出版。この時点で、バナーマンは、結果として版権を売り渡してしまう。以後、出版社が版権を放さなかったイギリスを除いて、アメリカをはじめとする各国の出版社は好き勝手に物語を使い、イラストレーターに安易な絵を描かせて出版した。こうしていくつもの『ちびくろサンボ』が出まわることになった。岩波版『ちびくろサンボ』の原本ニューヨーク・マクミラン社版もこれらのひとつである。

一九〇二年　イギリスでは、出版業者グラント・リチャーズが版権所有者として登録。

『ブラックサンボくん』
ヘレン・バナマン／文
山本まつよ／訳
阪西明子／絵
子ども文庫の会

『チビクロさんぽ』
へれんばなまん／原作
森まりも／訳
北大路書房

『おしゃれなサムとバターになったトラ』
ジュリアス・レスター／文
ジェリ・ピンクニー／絵
さくまゆみこ／訳
ブルース・インターアクションズ

『トラのバターのパンケーキ』
H・バンナーマン／作
F・マルチェリーノ／絵
せなあいこ／訳
評論社

一九四六年　ヘレン・バナーマン、スコットランドで没。
一九四七年　アメリカではじめて、この本を発禁にしようとする動きが出た。
一九五三年　『ちびくろサンボ』岩波書店より刊行。
一九七二年　ロンドンの教師グループが、『ちびくろサンボ』は人種差別的だと当時の版元チャトー・ウィンダス社に抗議の手紙を送り、イギリスでの論争がはじまった。
一九八八年〜　「黒人の昔ながらのステレオタイプが、日本で息を吹き返す」というワシントンポストの記事に端を発した差別論争が日米各紙でエスカレート。『ちびくろサンボ』もその渦に巻き込まれ、日本では各社が一斉に〝サンボ〟を絶版にする。
一九八九年　これに反発した子ども文庫の会が『ブラックサンボくん』を出版。
一九九七年　主人公を犬にした『チビクロさんぽ』が出版される。
一九九九年　バナーマンの原書に忠実に『ちびくろさんぼのおはなし』（バナマン／絵　径書房）が刊行される

こうして概略をながめてみると、バナーマンは最初の差別論争の前にすでに亡くなっていることに気づく。版権をもぎとられていた彼女には、一人歩きする雑多なサンボをコントロールすることはできなかったし、差別論争に加わって反論する機会もなかったのである。

『逆説の日本史』第四巻
井沢元彦／著
小学館

4-24

こどもの本は、こどもに〝ものがたる〟ための道具でもある

目で活字を追って本を読むということが、普通の生活の中に入ってきたのは、つい一〇〇年ほど前のことだと言えば荒っぽすぎるだろうか。それまではずっと、物語は語られるものであった。

『逆説の日本史』第四巻で、井沢元彦さんは言う。漢語から来ている〝小説〟という言葉の〝小〟にはつまらないものという儒教的なさげすみがこもっている。日本語には〝物語〟という素晴らしい言葉があるではないかと。続けて、「そもそも〝ものがたり〟とはどういう意味か？　私は、それを〝霊《もの》語り〟だと思う。怨霊信仰の世界における神、つまり霊の〝神話〟が〝ものがたり〟と呼ばれたのではないか。もちろん、後には物語は単なる〝お話〟の意味になるが、そもそもの語源は、そうではないかと、わたしは考えるのである」という内容で書いている。

そもそもの語源のころ、〝もの〟が〝物〟だとしても〝霊〟だったとしても、それは〝語り〟〝聞く〟営みだった。中国から漢字が伝わり、さらにそこから仮名が誕生する。語られてきた〝ものがたり〟は文字で書き留められる。書き留められる文字が活字になり、大量に印刷されるようになって、人は黙読するようになった。けれども、その初め、物語は〝ものがた〟られる音として、人の体を通して働きかけるものだったのである。それなら、文字をもう一度、人の体を通して〝語る〟ことで生かす作業の呼び名を〝ものがたり〟としてもいいのではないだろうか。

私がこどもだった頃は、テレビの放映がはじまったばかりで、ビデオなど夢でさえなかった。絵本や読み物もこんなにはなかったから、まだまだものがたりの占めるところは大きかった。父はお風呂の湯船の中で昔話を語ってくれていたし、ラジオの放送劇が日常の娯楽の中心だった。

こどもといっしょに本を読むというのは、本という道具を使って、こどもに語りかけるということである。読み手は自分というフィルターで、無意識の内にその内容を選択している。極端に言えば、ポルノ小説をこどもといっしょに読んだりするおとなはいない。読み手が共感できる、あるいは許容できる範囲のものしか読んではいない。伝えたい、共有したいものやことがあるから読むのだから、それはそれでいいのだと思う。

伝えたいことがあるから、本という道具を使ってこどもに語る。ならば、なおさら〝読み聞かせ〟ではなく〝ものがたり〟〝ものがたる〟の方がふさわしい。「〝ものがたり〟の時間がはじまります」「〝ものがたり〟しましょう」こんなふうに使ってみるのはどうだろう。

『読み聞かせ』
・ジム・トレリース／著
亀井よし子／訳
高文研

4-25

〝読み聞かせ〟ということばに潜むこどもとおとなの関係

英語に比べると、日本語には対等な関係の行為を表すことばが少ないように思える。一九八七年に邦訳された『読み聞かせ　この素晴らしい世界』は、アメリカのジャーナリストが書いたもので、英語の原題は『THE READ—ALOUD HANDBOOK』となっている。そのまま訳せば「声を出して読む。音読する手引き書」とでもなるだろうか。私には、そこには読む人と読んでもらう人との関係を示唆するものなど感じられない。この本は、こどもといっしょに本を読むことがどんなに素晴らしいことかを伝えようとしていて、そこには、上から下への目線はない。それが『読み聞かせ』という日本語に翻訳されると、「読んで、聞かせる」、上から下へというニュアンスが入り込んでくる。

幼いこどもが本と出会うためには、誰かが声に出して読まなければならない。字の読める人が音にしないことには、本の中身は伝わらない。こどものために声を出して本を読む行為を表現している日本語として「読み聞かせ」は、確かにわかりやすい。けれども、〝聞かせ〟という部分にあるおとな優位の響きは否定できない。日本社会のこども観が、ことばを作っているのだろう。

「こどもには小さい頃からずーっと読み聞かせをしてきたのに、四年生になった今、ちっとも本を読もうとしない。どうしたらいいでしょう」という相談があった。ここには、〝読み聞かせ〟ということばに象徴される、必ずしも対等とは言えないこどもとの関係が影を落としているように思える。お母さんとしてはこどもを思ってのことにちがいないけれど、もしかするとこの子は〝読み聞かせ〟を負担に感じていたのかもしれない。期待に応えたいと一生懸命聞いていたとしたら、心底楽しいとは思えなかっただろう。

〝聞かせ〟られたり〝読ませ〟られたりしなければ、こどもは物語が好きである。もちろん本も好きなのだ。そこには生きる営みにからむさまざまな興味や疑問、不安に応えてくれる人がいることを知っているからだと思う。そしてそこは安心して自分の心を開くことができる場所だということも知っている。

「昔は〝読み聞かせ〟なんていうことば、なかったんだよね。さあ、本読もうか、で足りてたんだけど」と友人の葛西さんは言う。お母さんにくっついて、ぬくぬくと本を読んでもらう。ただそれだけだったけれど……だからこそ私は本が好きになったんだろうと。

しかしこのところ〝読み聞かせ〟という表現は〝読み語り〟へと切り替わりつつある。この表現が適切かどうかは別として、読み聞かせということばの持つ〝上から下へ〟というニュアンスに違和感を覚えるおとなが増えてきたことは確かだろう。こども観も少しずつ確実に変わってきているのだ。

4-26

こどもの近くに動いていく学校図書館

学校図書館は、こどもと本の出会いの場所として、とても大切なところだと思う。家に本などないこども、公共図書館までは行かないこどもの手にも届くところに本があるからである。そして、働きかけ方次第でいくらでもこどもたちに本を手渡すことができる。

私が図書館実務サービスに出向いているノートルダム学院小学校は、読書を学習の基礎になるものと位置づけて大切にしている。クラス単位の読書の時間はたっぷりと取られており、週二回の朝の読書タイムには、学校中が静まり返る。休み時間ともなると、図書館は静かなにぎわいを見せる。驚くほど分量のある本に入り込んでいる子もいれば、絵本や漫画を手にしてリラックスしている子もいる。

ここでは、二年前からほとんどすべての本が図書館のコンピュータで一括管理されている。サイエンス・コーナー、学習センター、宗教教室、研究室、学級文庫そして、図書館。どの本がどこにあるのか、すぐにわかるようになっている。こうした図書館の電算化にあわせて、学級文庫に図書館の本を貸し出すシステムを提案したところ、学校の方針とうまくかみ合ったようで、すぐに具体的に動き始めた。それにしても、外からの意見を思い切って取り入れるこの大胆さ。自らの理念に自信があるからだろう。

学級文庫には、図書館担当の先生が組んだものを一クラスに一二〇冊ずつ、学期ごとにローテーションしている。中身は、学級の必要に合わせていくらでも取り替えていいことになっている。こどもたちの声で入れ替えるクラスもあれば、先生が学習内容に沿って、たとえば恐竜といったテーマで入れ替える場合もある。総合学習の資料として組み直されることもある。先生たちそれぞれのこどもと本への向かい合い方が、具体的に、個性的に現れる。

学級文庫、図書館に並んでいる時には決して手に取らなかっただろう本も、側にあると開いてみる気になる。朝の読書の時間に手に取られることもあれば、休み時間に読んでいてそのまま家に持って帰ってしまうこともあるらしい。入れ替えにやってきたこどもたちに聞くと、並んだ本のタイトルすべてを熟知している子や、入れ替えまでに一二〇冊全部を読破する子がいるそうだ。こうして本が常に動いているので、ほこりっぽさがなくなってきたのは予想外の嬉しい出来事だった。

こどもの近くに動いていく学校図書館。こどもと本の出会いの場所は、二四の学級へと広がっていく。こどもが本を手にすることが日常に溶け込んで、こどもと本との出会いはいっそう広くやわらかく自由になる。

4-27

さきちゃんがいたから変わった学校図書館の形

「いつでも　どこでも　読みたい本と出会える学校図書館」。これが、娘たちの母校、京都市立養正小学校が掲げている図書館理念である。本がある場所は、調べ学習用の図書のある部屋とその隣にあるカーペット敷きのくつろいだ雰囲気の図書室だけではない。それは学校中に広がっている。理科教室や普通の教室の後ろから廊下、校庭のきのこ文庫まで、既成の概念にとらわれることなく、必要と思われるところにはソファーと本が置かれている。「管理は大変なのよね」と言うK先生が、図書館がこんな形に変わるひとつのきっかけとなった出来事を話してくれた。

先生が新しく受け持つことになった五年生のクラスに、さきちゃんという女の子がいた。この時、彼女の学習はまだ字を読むところまで進んでいなかった。いきおい、学級のみんなと同じ速度で同じように学ぶというわけにはいかない。そこで、先生は、さきちゃんがまず字を覚えるための手だてとして、クラスのみんなの名前をひらがなで書いたカードを作り、郵便屋さんごっこをすることにした。さきちゃんは机の間を静かに通って、名前の書かれた友だちのところにカードを配達する。楽しそうに、真剣にカードの名前と顔を見比べては届けていく。けれどもそれだけでは、さきちゃんの時間は埋まらない。

「じーっと座ってなさいというのもネ。きっとつまんないでしょ？」

先生は、自分自身が絵本が大好きなので、絵をみるだけでも楽しいかもしれないと考えた。たまたま手元にあった寄贈のじゅうたんを工夫し、廊下に敷いて、そこにさきちゃんが自由に手に取ることができるように絵本を並べておくことにした。「それが始まりなのよ」とK先生。

さきちゃんはたいくつになったら、そこに寝転がって絵本をめくるようになった。休み時間には、クラスの友だちがいっしょに読んでいることもある。毎日、カードと絵本で遊んでいるうちに少しずつ字も読めるようになってきた。彼女が友だちに向かって読んでいる風景もめずらしくない。気がつくとじゅうたんのコーナーを楽しんでいるのは、さきちゃんばかりではなくなっていた。本棚の本もいつのまにか増えていて、クラスのみんなの居心地のいい場所になっていたのだ。

ゆったりと本を読むさきちゃんたちの姿は、他のクラスのこどもたちの間に波紋を投げかける。それがこどもと本との関わり方をもっと生き生きとしたものにしたいと願っていた先生たちの思いとつながる。こうして学校全体に、その時々のニーズにあった本のコーナーが作られることになっていったのである。

こどもへの思いから始まったフレキシブルな図書館の展開。こどもを主体に考えると、図書館の形も本の置き方も変わってくる。

おわりに

こどもが幼い頃、熱を出して苦しそうにしているといつも、なんとかして替われないものかと思ったものである。けれど、私のできることといえば、せいぜい水と氷枕を用意して、パジャマを取り替えることくらい。とにかくそばにいてオロオロしながら見守るしかなかった。その度に、こどもはこどもであって私ではないのだと思い知らされる。ところがひとたびこどもが元気になると、そんなことはすっかり忘れ、こどもへの際限のない期待に支配されている。何かの拍子にふと我にかえると、あれをしろ、これをするな、と指示ばかりしている自分に気づく。

そんな日々の中で、毎日のお話と本の時間だけは、少々の罪ほろぼしになっていたのではないかと思う。こどもたちは、お話をしたり本を読んだりするのをいつも楽しみにしていた。それぞれがいっしょに読みたい本を持ってきて寝床につく。物語が始まると、おかしくてたまらないといった笑い声や、怖いけれど大丈夫とでもいいたそうな体のこわばり、深いため息を返してくれる。なんとも哲学的な質問をされて、絶句してしまうこともあった。私には、そんなことのひとつひとつがどれも、とにかく楽しかった。

それは同時に、『預言者』（カリール・ジブラン著　至光社）でジブランが「あなたを通ってやってきますが、あなたからではなく、あなたと一緒にいますが、それでいてあなたのものではない」と言っているように、こどもという存在の本質を自分に言い聞かせる機会にもなっていたのだった。

この本は、そんな時間を共にしてきた娘たちを含む、楽しいエピソードの数々を生み出してくれた、たくさんのこども読者と、それをそのままに届けてくださったおとなのみなさんに、感謝をこめてささげたいと思う。

出版の機会をつくってくださったひとなる書房の名古屋研一さんの勇気に、改めて敬意を表します。ゼピロスの三枝節子さんには、まったくの粗原稿からていねいに目を通していただきました。三枝さんの温かい励ましと的確なアドバイスなしには、最後までこられなかったのではないかと思います。心から感謝しています。そして、この本のきっかけと有効なサジェスチョンを与えてくれた同級生だった小児科医の小西行郎さんにもお礼を申し上げます。「赤ちゃん学会」を立ち上げて大忙しの彼とは、『赤ちゃんの顔はなぜまるい?』という、赤ちゃん理解のためのやさしい本を準備中です。

吹田恭子

二〇〇一年　夏

※以下は、それぞれに初出したものに加筆、再構成をしました。

1・7　心も「ぎゅーっと抱きしめて！」
1・13　ことばあそびという刺激
1・14　あけてびっくり！　ポップアップ
2・7　「大きくなる！」──こどもは物語に願いを重ねる
2・8　触ったり、抱きしめたり。それが絵本の絵本らしさ
4・5　赤ちゃんだっていろんな絵を楽しみたい
4・6　「数字」も「文字」も遊びだよ
4・7　安心感がたっぷり詰まっている〝行きて帰りし〟物語
　　初出：季刊『1・2・3歳』（赤ちゃんとママ社刊）
1・18　こどもといっしょに楽しむ同時代性──『かいけつゾロリ』
　　初出：月刊『子どもの本棚』（子どもの本棚社刊）

※アリス館、偕成社、河出書房新社、すずき出版、福音館書店、フレーベル館には、多大なご協力をいただきました。心からお礼を申し上げます。

ももたろう　福音館書店　159
森に学校ができた　福音館書店　114
森の学校のなかまたち　福音館書店　114
もりのなか　福音館書店　138
森はだれがつくったのだろう？　童話屋　186
【や】
やまなしもぎ　福音館書店　157
やまのディスコ　架空社　133
【ゆ】
ゆかいなどうぶつ　福音館書店　69
ゆかしたのたから　あかね書房　45
指輪物語 評論社　178
ゆーらりや　福音館書店　57
【よ】
よかったねネッドくん　偕成社　196
読み聞かせ　高文研　214
夜と霧　みすず書房　77
【ら】
らくだいにんじゃ乱太郎　シリーズ　ポプラ社　46
ラシーヌおじさんとふしぎな動物　評論社　118
【ろ】
朗読者　新潮社　165
ろくべえまってろよ　文研出版　98
【わ】
わたしのワンピース　こぐま社　201

【ふ】
ふかふかえほん　シリーズ　偕成社　68
ぶたイヌくんってなんてなく？　大日本絵画　39　201
ぶたのたね　絵本館　78　161　190
ぶたぶたくんのおかいもの　福音館書店　197
ふたりはいっしょ　文化出版局　111
ふたりはきょうも　文化出版局　111
ふたりはともだち　文化出版局　111
ブラックサンボくん　子ども文庫の会　211
フレデリック　好学社　74　79
【へ】
変身　新潮社　202
へんてこもりにいこうよ　偕成社　45
【ほ】
冒険者たち　岩波書店　193
ぼくはあるいたまっすぐまっすぐ　ペンギン社　14
ぼくらの　シリーズ　角川書店　46
ホビットの冒険　岩波書店　178
ぽぽりん　ベネッセ　139
【ま】
まさかさかさま動物回文集　河出書房新社　37
まよなかのだいどころ　冨山房　179
まんいんからっぽ　福音館書店　139
【み】
みずまき　講談社　59
ミッケ！　小学館　65　145
みんなでうたおう(詩の本２)　岩波書店　11
みんなでくさとり　福音館書店　124
【む】
昔話の魔力　評論社　26　186
【め】
メイシーちゃんのおうち　偕成社　39
メイシーちゃんベッドにはいります　偕成社　54
名探偵夢水清志郎事件ノート　シリーズ　講談社　47
めっきらもっきらどおんどん　福音館書店　29　120　145　146
【も】
もこもこもこ　文研出版　58　168
もしかしたら名探偵　偕成社　91
モモ　岩波書店　90　204

【な】
なにかしら？　セーラー出版　201
なにたべた　福音館書店　137
“なんでもふたつ”さん　大日本図書　44
【ね】
ねずみのでんしゃ　ひさかたチャイルド　112
【の】
脳のなかの幽霊　角川書店　194
のってのって　あかね書房　63
のりもの　永岡書店　151　158
ノンタンかるた　偕成社　141
ノンタン！　サンタクロースだよ　偕成社　20
【は】
歯いしゃのチュー先生　評論社　107　109
ばけものづかい　童心社　169
はじめてのおつかい　福音館書店　14　190
はじめてのおるすばん　岩崎書店　179
はじめてのかり　リブリオ出版　19
はじめてのキャンプ　福音館書店　160
ぱたぱたぽん　福音館書店　127
はたらきもののじょせつしゃけいてぃー　福音館書店　62
パターン・ブロック　東洋館出版　176
葉っぱのフレディー　童話屋　47
パトカーのピーすけ　福音館書店　131
バトル・ロワイヤル　大田出版　88
パパ、お月さまとって！　偕成社　17
バムとケロのさむいあさ　文渓堂　30　35　198
バムとケロのにちようび　文渓堂　19
はらぺこあおむし　偕成社　40
ハリー・ポッターと賢者の石　静山社　50
ハリー・ポッターと秘密の部屋　静山社　50
はるなつあきふゆ　ほるぷ出版　70
【ひ】
ぴかくんめをまわす　福音館書店　180
ひこうじょうのじどうしゃ　福音館書店　126
ピーターのいす　偕成社　66
ひとまねこざる　シリーズ　岩波書店　48
びゅんびゅんごまがまわったら　童心社　119
ぴんぽんだあれ　ポプラ社　200

ズッコケ三人組　シリーズ　ポプラ社　46
砂の器 上・下　新潮社　205
スーホの白い馬　福音館書店　18　34
【せ】
せんたくかあちゃん　福音館書店　123
【そ】
ぞうからかうぞ　リブロポート　36
そうじき　すずき出版　42
ぞうのエルマー　アリス館　108
【た】
だいくとおにろく　福音館書店　133　140
大草原の小さな家　福音館書店　15
だから、あなたも生きぬいて　講談社　51
タクシータクちゃんとばけぎつね　ポプラ社　150
タコのタコベエ　福音館書店　127
たのしい川べ　岩波書店　116
たのしいふゆごもり　福音館書店　106
たべられたやまんば　講談社　81
だるまちゃんとかみなりちゃん　福音館書店　83
だれのぼーる　文化出版局　181
だーれもいないだーれもいない　福音館書店　104
誕生を記憶する子どもたち　春秋社　12
【ち】
ちいさいしょうぼうじどうしゃ　福音館書店　104　130
ちいさいモモちゃん　シリーズ　講談社　86
ちいさないきもの　ひかりのくに　152
ちびくろさんぼのおはなし　径書房　206
チビクロさんぽ　北大路書房　211
ちびくろサンボよすこやかによみがえれ　径書房　210
チョキチョキチョッキン　こぐま社　69
【て】
てがみをください　文研出版　110
【と】
とうだいのひまわり　福音館書店　122
どうぶつはやくちあいうえお　のら書店　60　98　193
ドキッとこわいおばけの話　岩崎書店　149
とこちゃんはどこ　福音館書店　64
トラのバターのパンケーキ　評論社　211
ドリトル先生　シリーズ　岩波書店　49

ことばあそびうた　福音館書店　36
子どもと子どもの本のために　岩波書店　53
子ども一〇〇年のエポック　フレーベル館　43　188
こどものとき、この本と出会った　童心社　93　188
子どもの脳が危ない　ＰＨＰ研究所　21
子どもの文化人類学　晶文社　84　95
これしってるよ　のりもの　文化出版局　199
これで安心０歳からの育児　法研出版　174
これ、なあに？　偕成社　69
ごろはちだいみょうじん　福音館書店　142　144
【さ】
ざっくりぶうぶうがたがたごろろ　偕成社　137
さむがりやのサンタ　福音館書店　169
ザリガニ　あかね書房　147
さよならサンボ　平凡社　210
さわってあそぼうふわふわあひる　あかね書房　24
サンタのおもちゃこうじょう　メディアファクトリー　113
三びきのこぶた　福音館書店　195
三びきのコブタのほんとうの話　岩波書店　132
三びきのやぎのがらがらどん　福音館書店　82　115　134
【し】
地獄堂霊界通信　シリーズ　ポプラ社　47
シートン動物記 第四巻　金の星社　91
じゃあじゃあびりびり　偕成社　56
ジャイアント・ジャム・サンド　アリス館　15
ジャックと豆のつる　岩波書店　27
じゃんけんゴリラ　教育画劇　148
しゅっぱつしんこう　福音館書店　105
14ひきのねずみ　シリーズ　童心社　168
14ひきのひっこし　童心社　198
小学五年生の心理　大日本図書　49
少年Ｈ 上・下　講談社　51
少年講談全集　大日本雄弁会講談社　188
少年時代 三部作　評論社　205
しょうぼうじどうしゃじぷた　福音館書店　130
白クマそらをとぶ　ポプラ社　197
【す】
スイミー　好学社　74　152
スカーリーおじさんのはたらく人たち　評論社　109

おはなしのろうそく　シリーズ　東京子ども図書館　35
おひさまがしずむよるがくる　福音館書店　136
おふろだいすき　福音館書店　154
おふろでちゃぷちゃぷ　童心社　175
おふろやさんぶくぶく　ポプラ社　115
おべんとうなあに？　偕成社　158
おやすみなさいコッコさん　福音館書店　100
【か】
かいけつゾロリ　シリーズ　ポプラ社　43　47
かいじゅうたちのいるところ　冨山房　128　179
かお　フレーベル館　201
かくれんぼ　戸田デザイン研究室　200
かしこいポリーとまぬけなおおかみ　金の星社　92
学校の怪談シリーズ　ポプラ社　80
カボチャありがとう　架空社　102
かようびのよる　徳間書店　199
からすのパンやさん　偕成社　35
カンカンカンでんしゃがくるよ　新日本出版社　181
【き】
機関車トーマス　ポプラ社　143
きかんしゃトーマスとおまわりさん　ポプラ社　135
きかんしゃやえもん　岩波書店　63
君のためにできるコト　学習研究社　51
逆説の日本史 第四巻　小学館　212
キャベツくん　文研出版　182
キャベツくんのにちようび　文研出版　182
【く】
クマのプーさん　シリーズ　岩波書店　37　48
くもさんおへんじどうしたの　偕成社　69
ぐりとぐら　シリーズ　福音館書店　49
グリムの童話 1－3　福音館書店　49
車のいろは空のいろ　ポプラ社　141
ぐるんぱのようちえん　福音館書店　75
【け】
原爆の絵ＨＩＲＯＳＨＩＭＡ　童心社　81
【こ】
こいぬがうまれるよ　福音館書店　117
五体不満足 講談社　51
コッコさんのともだち　福音館書店　103

書籍索引

【あ】
あおいふうせん　小学館　67
あかちゃんとお母さんのあそびうたえほん　のら書店　24
あかちゃんのあそびえほん　シリーズ　偕成社　55
あたたかいおくりもの　福音館書店　25
あめふり　福音館書店　59
アメリカワニですこんにちは　冨山房　177
アラジン　偕成社　187
アレクサンダとぜんまいねずみ　好学社　76
アンガスとあひる　福音館書店　133
【い】
いいおかお　童心社　57
いえでだブヒブヒ　福音館書店　66　102
生きもの元気 死にもの狂い　偕成社　145
いたずらきかんしゃちゅうちゅう　福音館書店　62　101
いたずらこねこ　福音館書店　196
1・2・3どうぶつえんへ　偕成社　176
一休さん　あかね書房　184
いっしょにきしゃにのせてって　ほるぷ出版　129
いないいないばあ　童心社　13　48　174　200
いないいないばああそび　偕成社　175
【う】
ウォーリーをさがせ！　フレーベル館　22　65　73
うたえほん　グランまま社　28
【え】
エーミールと探偵たち　岩波書店　48
エルマーのぼうけん　福音館書店　121
えんやらりんごの木　偕成社　55
【お】
大阪・京都・神戸の電車・バス100点　講談社　99
おさじさん　童心社　175
おじさんのかさ　講談社　85
おしゃれなサムとバターになったトラ　ブルース・インターアクションズ　211
おだんごぱん　福音館書店　105
おっとせいおんど　福音館書店　144
おばけがぞろぞろ　福音館書店　100　136
おばけやしき　大日本絵画　38
おはなしグリム　童心社　49

吹田恭子（すいた　きょうこ）
1948年、香川県生まれ。
京都府立大学女子短期大学部国語学科卒業。出版社勤務、京都市学童保育所指導員を経て、1975年、夫とともに児童書専門店きりん館を開く。幼稚園、保育園、学校などで、こどもにとっての本という視点から講演することも多い。30代を頭に三人の娘がいる。
『がくどうっこたち』（汐文社）『市電２２番』（文理閣）『すてきな地球ブックリスト』（トーハン）『ハンズ・オンは楽しい』（工作舎）などの共編著書がある。

こどもの本の使いかた　～いっしょに読むからおもしろい～

2001年7月30日　初版発行
2004年7月15日　二刷発行

編著者　吹田恭子
編　集　㈱ゼピロス
発行者　名古屋研一

発行所　㈱ひとなる書房
東京都文京区本郷2-17-13
広和レジデンス101
電話　03-3811-1372
FAX　03-3811-1383

 印刷／モリモト印刷株式会社

NDC 370　13.1×18.8cm／232p